Nietzsche zur Einführung

Wiebrecht Ries

Nietzsche zur Einführung

JUNIUS

Junius Verlag GmbH
Stresemannstraße 375
22761 Hamburg

Im Internet: www.junius-verlag.de

© 1990 by Junius Verlag GmbH
Alle Rechte vorbehalten
Umschlaggestaltung: Florian Zietz
Titelfoto: Ullstein Bilderdienst
Satz: Druckhaus Dresden
Druck: Druckhaus Dresden
Printed in Germany 2004
ISBN 3-88506-393-X
7., überarb. und erw. Auflage 2004

Bibliografische Information Der Deutschen Bibliothek
Die Deutsche Bibliothek verzeichnet diese Publikation in der
Deutschen Nationalbibliografie; detaillierte bibliografische Daten
sind im Internet über ‹http://dnb.ddb.de› abrufbar.

Inhalt

Vorwort zur 7. Auflage

Die 7. Auflage wurde von mir durchgesehen und erweitert. Ich hoffe, mit der Neuauflage dem anhaltenden Interesse an Nietzsche zu dienen. Auch das neue Jahrhundert steht im Dialog mit seinen zeitgemäßen wie unzeitgemäßen Schriften, in denen es gleichsam die Summe seiner eigenen Erfahrungen, seiner Katastrophen und seiner Hoffnungen entdeckt.

Hannover, im September 2003   Wiebrecht Ries

Alle Angaben zu Zitaten aus Nietzsches Werken beziehen sich auf die bei dtv erschienene *Kritische Studienausgabe* (KSA) in 15 Bänden, hrsg. von G. Colli/M. Montinari. Briefe Nietzsches werden zitiert nach der bei dtv erschienenen Studienausgabe in 8 Bänden. (Die Angabe des Bandes erfolgt jeweils in römischen, die Angabe der Seiten in arabischen Ziffern.) Die im Originaltext gesperrt gedruckten Passagen werden hier durch Kursivsetzung hervorgehoben.

Zur Einleitung in Nietzsches Denken

Friedrich Nietzsche wurde am 15. Oktober 1844 in Röcken bei Lützen als Kind eines protestantischen Pfarrers geboren. Nach dem frühen Tod des Vaters siedelte die Familie nach Naumburg über. Von Oktober 1858 bis September 1864 war Nietzsche Schüler der Landesschule Schulpforta bei Naumburg. Nach einem Studium der Philologie und Theologie in Bonn und der Philologie in Leipzig, in dessen Zeit die Bekanntschaft mit der Philosophie Arthur Schopenhauers und eine erste Begegnung mit Richard Wagner fällt, wurde Nietzsche auf Empfehlung seines akademischen Lehrers Ritschl hin mit 24 Jahren Professor für Klassische Philologie in Basel. Dort lernte er Jacob Burckhardt kennen und pflegte vor allem die Freundschaft mit dem zu dieser Zeit in der Schweiz lebenden Richard Wagner, in dessen Musik er zunächst eine tiefe Verwandtschaft zu seiner eigenen Gedankenwelt sah. Im Deutsch-Französischen Krieg 1870/71 war er mehrere Monate lang freiwilliger Krankenpfleger und zog sich selbst eine schwere Erkrankung zu. Seitdem blieb er leidend und ließ sich aufgrund seines sich stetig verschlimmernden Gesundheitszustands 1879 vom Lehramt dispensieren. Von da an lebte er, seiner philosophischen Aufgabe ganz hingegeben, als Privatgelehrter an verschiedenen Orten, überwiegend in Sils-Maria, Nizza, Marienbad, Venedig, Riva, Rapallo, Rom, Genua und Turin, wo er zu Beginn des Jahres 1889, vermutlich als Folge einer progressiven Paralyse, dem Wahnsinn verfiel. Nietzsche starb nach qualvollem zehnjährigem Siechtum am 26. August 1900 in Weimar.

Was die Sicht auf Nietzsches Bild und Werk angeht, so herrscht heute nahezu die gleiche Zerrissenheit und Uneinigkeit der Urteile und Ansichten wie zu Beginn des 20. Jahrhunderts. Oder, um es mit den Worten eines seiner bedeutenden Biographen, Curt Paul Janz, zu sagen: »Mehr oder weniger einleuchtende philosophische Interpretationen zu Nietzsches Werk gibt es zu Tausenden. Je nachdem, welcher philosophischen Häresie sie entsprungen sind, ergänzen oder bekämpfen sie sich, kommen zeitweise zur Geltung oder schwinden dahin.«[1] Nach wie vor bleiben Fragen wie: Ist Nietzsche ein großer Denker oder nur ein verhinderter Dichter? Und wenn er ein großer Denker ist, worin besteht die Eigentümlichkeit dieser Größe? Worin erkennen wir uns in ihm wieder, und worin ist er uns fremd? Ist er überhaupt in ein bestimmbares Verhältnis zu traditionellen Formen des philosophischen Denkens zu setzen, und wenn nicht, worin besteht dann die »neue« Art seines Denkens gegenüber der überlieferten Philosophie?

Daß all diese Fragen in die Verlegenheit nicht eindeutiger Antworten führen, darüber belehrt nicht nur eine immer noch anwachsende Flut von Nietzsche-Interpretationen, sondern vor allem die innere Vieldeutigkeit von Nietzsches Schriften selbst, die »Versuche« im höchsten und wörtlichsten Sinne sind, »Experimente eines die Wahrheit Suchenden und es mit ihr Versuchenden, der eben dadurch auch zum Versucher wird, der seine Leser auf die Probe stellt«[2]. Eine Probe, die Nietzsches »Experimentalphilosophie« an die Voraussetzung gebunden hat: »Wieviel Wahrheit *erträgt*, wieviel Wahrheit *wagt* ein Geist?« (VI, 259)

Nietzsches Wagnis war, zunächst zu beschreiben, was kommt, die Heraufkunft des europäischen Nihilismus, um ihn in allen Erscheinungsformen jener Modernität, die »nicht aus und nicht ein weiß«, zu analysieren: in Politik und Moral, Religion und Kultur, Wissenschaft und Kunst.

»Was ich erzähle, ist die Geschichte der nächsten zwei Jahrhunderte. Ich beschreibe, was kommt, was nicht mehr anders kommen kann: *die Heraufkunft des Nihilismus.* Diese Geschichte kann jetzt schon erzählt werden: denn die Nothwendigkeit selbst ist hier am Werk. Diese Zukunft redet schon in hundert Zeichen, dieses Schicksal kündigt überall sich an; für diese Musik der Zukunft sind alle Ohren bereits gespitzt. Unsere ganze europäische Cultur bewegt sich seit langem schon mit einer Tortur der Spannung, die von Jahrzehnt zu Jahrzehnt wächst, wie auf eine Katastrophe los: unruhig, gewaltsam, überstürzt: wie ein Strom, der *ans Ende* will, der sich nicht mehr besinnt, der Furcht davor hat, sich zu besinnen.

– Der hier das Wort nimmt, hat umgekehrt Nichts bisher getan als *sich zu besinnen:* als ein Philosoph und Einsiedler aus Instinkt, der seinen Vortheil im Abseits, im Außerhalb, in der Geduld, in der Verzögerung, in der Zurückgebliebenheit fand; als ein Wage- und – Versucher-Geist, der sich schon in jedes Labyrinth der Zukunft einmal verirrt hat; als ein Wahrsagevogel-Geist, der *zurückblickt,* wenn er erzählt, was kommen wird; als der erste vollkommene Nihilist Europas, der aber den Nihilismus selbst schon in sich zu Ende gelebt hat, – der ihn hinter sich, unter sich, außer sich hat ...« (XIII, 189 f.)

Wenn Nietzsche die Heraufkunft des Nihilismus beschreibt, dann will er jedoch nicht nur »eine Krisis, wie es keine auf Erden gab«, diagnostizieren, die in der Verfassung einer Welt liegt, in der nach der Entwertung aller obersten Werte nur die »Sinnlosigkeit des Ganzen« bleibt, sondern er will diese Krisis vorantreiben zu einer *Umwertung aller Werte,* innerhalb der sich die »Selbstüberwindung« des Nihilismus vom »Willen zum Nichts« zum Wollen der dionysischen Bejahung der »Fatalität alles dessen, was war und was sein wird«, entscheiden soll. Auf den Anspruch einer solchen »Selbstüberwindung« verweist insbesondere eine Nachlaßstelle aus dem Frühjahr/Sommer 1888: »Eine solche *Experimental-Philosophie* [...] nimmt versuchsweise selbst die Möglichkeiten des grundsätzlichen Nihilismus vorweg; ohne daß damit gesagt wäre, daß sie [...] bei einem Willen zum Nein stehen bliebe. Sie will vielmehr bis zum Umgekehrten hindurch – bis zu einem *dionysischen Ja-Sagen* zur Welt, wie sie ist, ohne Abzug, Ausnahme und Auswahl –, sie will den ewigen Kreislauf – dieselben Dinge, dieselbe Logik und Unlogik der Verknotung. Höchster Zustand, den ein Philosoph erreichen kann: dionysisch zum Dasein stehen – : meine Formel dafür ist amor fati.« (XIII, 492)

Nietzsches Denken wollte »Vorspiel einer Philosophie der Zukunft« sein, durch welche sich die Überwindung der Zeitlichkeit der Zeit zur Ewigkeit der in sich kreisenden Zeit wie auch die Versöhnung »zwischen dem endlichen Dasein des wollenden Menschen und dem ewigen Sein der sich selber wollenden Welt«[3] ereignen sollten. Der aus diesem unzeitgemäßen Denken sich ergebende Widerspruch zwischen dem Umstand, daß ich selbst die Fatalität allen Daseins wie dessen ewige Wiederkehr bedinge, und der Einsicht, daß ich seit Ewigkeiten nur noch eine bedingte Fatalität in der Geschehensnotwendigkeit der Welt bin – moralisch formuliert: daß ich für alles Dasein und Sosein verantwortlich bin und daß es kein Dasein gibt, das für sein Sosein und Dasein verantwortlich ist –, dieser Widerspruch kann durch keine noch so subtile philosophische Interpretationsartistik überwunden werden. Vielmehr verdient hier die Einsicht Karl Löwiths Erinnerung, daß die Aufhebung dieser Widersprüche nur dann gegeben wäre, »wenn es Nietzsche gelungen wäre, jenseits von allem Gehen, Hinübergehen und Untergehen in die Unschuld des Himmels hineinzufliegen«[4].

Nietzsches Experimentalphilosophie kreist beständig um eine Überwindung des durch die moralische Weltauslegung bedingten »Geistes der Rache«, der auf die Vernichtung innerer wie äußerer Natur zielt, hin zum Pathos einer übermenschlichen »göttlichen Leichtigkeit im Schwersten«, das »die Welt als die Abfolge göttlicher Erlösungen und Visionen im Scheine« feiert. So gesehen, erweist sie sich weit über Moral- und Vernunftkritik hinaus als eine Philosophie der *ästhetischen* Sinn- und Welterkenntnis, der im Wollen der ewigen Wiederkehr die Welt auf ewig gerechtfertigt erscheint. Hierbei bleibt jedoch die Frage offen, ob der Segen Zarathustras zur Selbstverklärung und Bejahung der Welt noch vor einer physikalischen Weltkonstruktion Bestand hat, die sich zwar wissenschaftlich denken, in der sich aber nicht mehr leben läßt. Des weiteren wäre zu fragen, ob die von Nietzsche ersehnte und gewollte Bejahung, Segnung und Verklärung des Daseins nicht immer schon durch den problematischen Doppelbezug des Menschen zur Welt gefährdet ist, der sich dadurch bestimmt, daß die Welt dem Menschen zwar einerseits als seine einzige Heimat erscheint, ihm andererseits aber auch als fremde Unheimlichkeit gegenübersteht, weil sie eine Welt der Vergänglichkeit und des Todes ist. Es darf daher als eine der wesentlichen Anstrengungen von Nietzsches geistiger Existenz gelten, diesen Doppelbezug zugunsten einer uns ganz fremden, archaischen Sicht des Lebens zu überwinden, der zufolge Geburt und Tod zwar als traumhaftes Erleben differieren, seinshaft aber ineinander übergehende Momente eines in sich geschlossenen, dem subjektiven Vollzug gegenüber unzerstörbaren Kreislaufs sind. Die allgegenwärtige Werdefigur des Seins, ihre Äternität, denkt Nietzsche im Gegenzug zur traditionellen Metaphysik, die auf das bleibende Sein reflektiert; sie symbolisiert eine neue, im Namen des »in Stücke geschnittenen« Dionysos kodifizierte Metaphysik ewiger, aus aller Zerrissenheit sich im Kreislauf der ewigen Wiederkehr wiedergewinnender Lebendigkeit. Diese neue Metaphysik weist den Weg zu einer ewigen Ruhe in der Bewegtheit allen Seins, darüber hinaus aber auch zu einer Askese im Leben, die nicht wie die christliche aus dem Verzicht kommt, sondern aus der Fülle des Lebendigen. Für sie trifft zu, was der italienische Dichter Giuseppe Tomasi di Lampedusa in seiner Erzählung *Die Sirene* von dieser gesagt hat, daß man in der Musik ihrer Stimme, »in ihrem Untergrund«, »die Brandungen der sommerlichen Meere« zu spüren meint, »wenn sie an Felsen aufprallen«.

In dem im Zentrum des vierten Teils des *Zarathustra* stehenden Kapitel »Mittag« gewinnt diese Metaphysik ihren ästhetischen Ausdruck: im Bild des aus dem Schnittpunkt der Zeit, dem Mittag, erwachsenden alten Baums, »der von der reichen Liebe eines Weinstocks rings umarmt und vor sich selber verborgen war« (IV, 342). Der »Weinstock« verweist auf Dionysos, den Herrn der Reben, den »Winzer« mit dem »diamantenen Winzermesser«, den »großen Löser« der Seele, den »Namenlosen«, denjenigen, den Zarathustras Seele ersehnt. Dionysos ist aber auch, wie Eugen Fink schreibt, »der Schnitt der Zeit selbst, die alles nimmt, was sie gebracht hat, – die schenkt und raubt, baut und zerstört, fügt und bricht. Dionysos ist das Schenkende und Raubende der ewigen Wiederholung.«[5] Dies darf jedoch nicht darüber hinwegtäuschen, daß weder der »Erlöser« (Christus) noch der »Löser« (Dionysos) Nietzsches gequälte Seele von ihrem Schatten zu befreien vermochte, sondern einzig der lösende und erlösende Wahnsinn, der dem Kranken die wahnhafte Einheit von Christus und Dionysos in seiner Person schenkte.

Nietzsche, der sich in seinen ersten Schriften als der »Arzt« einer kranken Kultur verstand, hielt sich am Ende seines geistigen Schaffens für den »letzten Jünger des Dionysos«, der als solcher weder zu Lebzeiten noch später Nachfolger fand. Seine Zeitlichkeit und Geschichtlichkeit überwinden wollende Lehre von Zeit und Sein, zentriert im Gedanken der ewigen Wiederkehr, verweist auf einen dem Vorstellungsvermögen entrückten Ort »jenseits von Mensch und Zeit«, auf die Perspektive einer fremden Welt jenseits von Logik und Teleologie. Die Destruktion dieser die Normalität der Erfahrung regulierenden Prinzipien zeitigt eine Auflösung des empirischen Geschehens in diskontinuierliche »Willenspunktuationen«, die im Rahmen perspektivischer Entfaltung fiktional geschlossene, selbstbezügliche Welten des Imaginären bilden. Die Totalisierung dieses Willensgeschehens überschreitet den anthropologischen Deutungshorizont des Welterlebens auf eine Dynamik, die seinen ausschließlichen Geltungsanspruch in Frage stellt. Die in diesem Zusammenhang von Nietzsche intendierte Fortentwicklung der Philosophie der Vernunft zu einer primär ästhetischen Bestimmung derselben erweist sich anfangs noch als ganz gebunden an die Philosophie Schopenhauers, haftet er doch mit dieser an der Idee des von Raum, Zeit und Ich-Erleben abstrahierten, zu sich selbst erlösten ästhetischen Phänomens. Beim reifen Nietzsche ist diese Fortentwicklung bestimmt durch experimentelle Entwürfe ästhetischer Weltbilder, deren Träger nicht mehr jenes »Ich denke« ist, sondern das »Es denkt mich«, das Rimbaud beschworen hat.[6]

Indem Nietzsche den am Ordnungsgefüge des Logos orientierten Seins- und Weltbegriff durch die Dynamik des »Willens zur Macht« im Sinne eines steten Überwindungs- und Übergangsgeschehens jeweiliger Gestaltgebungen der Welt zu überholen versucht, rückt eine ästhetische Hermeneutik zunehmend in das Zentrum seiner Philosophie. Deren Lehre vom Willen zur Macht begreift einerseits die Interpretationsprozesse des Lebens als dessen prononcierte Realisierungen, ist andererseits aber als die Vision einer neuen Seinserfahrung auch selbst Interpretation, die sich nicht in der theoretischen »Wahrheit« ihrer Sätze bestätigt, sondern sich im Interpretieren als solchem und in der musikalischen Inspiration ihres sprachlichen Ausdrucks erfüllt. In seiner bedeutenden Arbeit *Nietzsches Idee einer Experimentalphilosophie* (1980) hat Friedrich Kaulbach zu zeigen vermocht, daß dieser Philosophie nicht primär die Funktion theoretischer Wahrheit eignet, vielmehr vor allem die im Experimentieren erwiesene Sinn-Bedeutsamkeit für eine »Weltperspektive«, die dem dionysischen Werdecharakter der Welt angemessen ist. Mit Blick auf Nietzsches neue Weltauslegung kann deren Intention auf ein ursprüngliches Denken der Welt darin gesehen werden, daß sie die Gestalten als Lebensmächte aus diesem selbst hervorgehen läßt. Indem Nietzsches ästhetische Hermeneutik davon ausgeht, daß es das Leben selbst ist, das sich in seinen Interpretationsvollzügen auslegt, erneuert sie eine Sichtweise, die in der immanenten Weltauslegung Hegels und Schellings wie in der Willensmetaphysik Schopenhauers bereits in gewisser Weise durchgeführt war; er verbindet sie im Spätwerk mit einem radikalisierten Interpretationsbegriff im Zeichen des Willens zur Macht. Diese Hermeneutik ist jedoch keine einheitlich in sich geschlossene Theorie, vielmehr ist sie bestimmt durch den Wechsel von abstrakt-theoretischer Stilisierung und Remythisierung der von ihr thematisierten Gedanken bzw. Bildkomplexe. Bleibt die *Geburt der Tragödie* eine ästhetische Transponierung der Schopenhauerschen Willensmetaphysik in die Begriffssprache der griechischen Mythologie – der intellektualisierte Mythos gleichsam Metapher einer philosophischen Konstellation –, so verdunkelt andererseits der auf phänomenologische Akzentuierung und Präzisierung angelegte »Versuchs-Charakter« (W. Stegmaier) des Nachlasses von Mitte der achtziger Jahre an Nietzsches große Entdeckung des »dionysischen Phänomens«. Die Remythisierung im *Zarathustra* und in den *Dionysos-Dithyramben* steht hingegen ganz im Dienst der Überhöhung der entzauberten Wirklichkeit durch die literarisierte Wiedereinsetzung der aus ihr vertriebenen Epiphanien.

Als Gedankenschöpfung zeigt Nietzsches »Wille zur Macht« Züge einer »absoluten Phänomenologie«, die als solche weder nur ontologisch noch kosmologisch, noch auch anthropologisch zu begreifen ist, hingegen als ästhetisches Experiment der Vernunft eine Theorie dynamisch-übergreifender Zusammenhänge aus allen diesen Bereichen artikulieren will. So sehr Nietzsche bemüht ist, aus ihr alle spezifisch logisch-erkenntnistheoretischen Bestandteile wie Identität, Kontinuität und Gesetzmäßigkeit zu entfernen, so nachdrücklich hält er demgegenüber an den ästhetisch-hermeneutischen Formelementen wie Akzentuierung, Zentrierung und Perspektivität fest. Wir verdanken Wilhelm Dilthey eine wertvolle Formulierung, wenn dieser die »Interpretation« als eine »Explikation« kennzeichnet, die zugleich »Schaffen« ist. Ungleich wuchtiger die Variante seines Zeitgenossen Nietzsche: Für ihn ist Interpretation eine Explikation, die zugleich »Überwältigen-Wollen« ist. Das Paradigma von Nietzsches ästhetischer Hermeneutik ist deshalb nicht mehr primär der Text wie in der großen Tradition, die, mit Schleiermacher einsetzend, über Dilthey bis zu Heidegger und Gadamer führt, sondern das Drama, die Inszenierung von Welt als hieratisches »Ereignis«. Daß der Wille zur Macht nicht ein Sein ist und auch nicht ein Werden, sondern ein Pathos, »ist die elementarste Thatsache, aus der sich erst ein Werden, ein Wirken ergiebt« (XIII, 259). Gerade darin zeigt sich die latente Kontinuität zwischen dem Frühwerk und den späten Entwürfen des Denkers, daß sowohl Natur- als auch Kulturprozeß in die Nähe der griechischen Tragödie gerückt werden. Theoretischer Pessimismus und dionysisch-musikalischer Ausdruck – diese Korrelation kennzeichnet Nietzsches Philosophieren in nahezu allen Phasen seiner Entwicklung. Die klassischen Gegensätze der philosophischen Tradition werden in ihm tendenziell hinfällig, so der Gegensatz von Innenwelt und Außenwelt, Ursache und Beweggrund, Gesetz und Tatsache. Für Nietzsche kennt der Gesamtablauf von Natur und Kultur kein ihm transzendentes »Gesetz«, vielmehr wird die Interpretation in der Immanenz des Sinnes jeweiliger Machtkonzentrationen zusammengezogen. Der »Sinn« der Welt kann von keiner ihr gegenüberstehenden jenseitigen Größe mehr abgeleitet werden, statt dessen liegt er in der Interpretation der Welt aus ihr selbst. Insofern der Mensch dem Leben nicht enthoben, sondern in seinen Geschehens- und Ereigniszusammenhang verflochten ist, in das Spiel seiner bildenden Kräfte, vermag er die tiefere Wirklichkeit der Welt zu erfassen. Für Nietzsches ästhetisch experimentierende Vernunft gelten die Gesetze und Grenzen nicht mehr, die Kant für ihren theoretischen und praktischen Gebrauch nachgewiesen zu haben glaubte. Ist der Mensch für Nietzsche wesentlich Künstler, das Universum ein Kunstprodukt des Willens zur Macht, so sind beide einander in einer originären Affinität verbunden. Die ästhetischen Manifestationen jener Tiefenwirklichkeit der Welt erscheinen bei Nietzsche demzufolge nicht primär im Sinnhorizont von Sprache und Gedanke, sondern in dem heterogenen Medium eines synästhetischen Vermögens, das im Zusammenspiel von »Auge« und »Ohr« wesentlich intuitiver Natur ist. Aus diesem Sachverhalt ergibt sich der hohe Stellenwert der Kunst, speziell des »Musikalischen« in Nietzsches Werk, ist es doch die Kunst, die in der Tragödie des Daseins das Alogische auf dem Grund der ewig werdenden Welt mit dem Logos der menschlichen Vernunft kommunizieren läßt.

In seiner Auffassung des Lebens als eines »künstlerischen Grundphänomens« wird Nietzsche zum Vorläufer jener »Philosophen der Zukunft«, die im Medium einer neuen ästhetischen Wahrnehmung die gestaltreiche Entstaltung des Seins zum Vorschein bringen. Diese Auffassung bestimmt auch seine ständige Präsenz in der Kunst der Moderne. Die »metaphysische Erhellung des Seienden« durch die Kunst ereignet sich vor allem in der Kunst der Sprache; diese zielt als dionysische Bewegung auf eine Überwindung des Gegensatzes zwischen »dem Denken des Binnenweltlichen und dem Denken der Welt selbst«[7]. Die dionysische Sprache, die Nietzsche im *Zarathustra* spricht und die sich deutlich von der »streitbaren, begrifflich scharfen Sprache der entlarvenden Kritik« (Friedrich Kaulbach) seiner positivistischen Denkphase unterscheidet, wird über die Derealisation des personalen Ich-Gefühls zuweilen zum Reflex mimetischer Impulse einer umfassend kodifizierten Lebenswelt: »[...] das Leiseste, Leichteste, einer Eidechse Rascheln, ein Hauch, ein Husch, ein Augen-Blick – *Wenig* macht die Art des *besten* Glücks.« (IV, 344)

Im Augenblick dieses Glücks scheint der Lauf der Zeit anzuhalten und ermöglicht einen Zustand der Ruhe in der Bewegung. Alles Vereinzelte tritt in der »Mittags«-Welt des *Zarathustra* zurück, die Welt erscheint in ihrer Ganzheit. Es ist jedoch keine Epiphanie in einem festen Umriß, auch wenn ihr durch Zarathustra die Attribute des Vollkommenen in der elliptischen Weise ihrer Anrufung – »Oh des goldenen runden Reifs« – zugesprochen werden. In der unerschütterlichen Einbettung des Ich in die nichtbewußte Wirklichkeit und Wirksamkeit der naturhaften Welt, einer Einbettung, die mit den »leisesten Fäden« das selbstbewußte Ich mit dem leiblichen Selbst verzwirnt, beginnen die Verlockungen und Bedrängnisse der Vernunft sich für Nietzsche unmerklich aufzulösen. Deren Seefahrerleidenschaft zum »Unbekannten«, das in einer Richtung liegt, »wo bisher alle Sonnen der Menschheit untergegangen sind«, verliert den Zauber der Verführung. In der nautischen Daseinsmetaphorik des »Mittags«-Kapitels im *Zarathustra* wird nicht mehr der Aufbruch ins Unbegrenzte gepriesen, sondern die Heimkehr des Schiffs in die »stillste Bucht«, zu der am Ende eines in den Abend gleitenden Nachmittages die Gewässer des Lebens zurückströmen: zur Erde. So heißt es: »Wie ein Schiff, das in seine stillste Bucht einlief: – nun lehnt es sich an die Erde, der langen Reisen müde und der ungewissen Meere. Ist die Erde nicht treuer?« (IV, 343)

Vom Standpunkt dieser »Rückkehr«, im Fluchtpunkt der

Wille-zur-Macht-Prozesse – imaginiert als »Meer in sich selber stürmender und fluthender Kräfte, ewig sich wandelnd, ewig zurücklaufend, mit ungeheuren Jahren der Wiederkehr« (XI, 610) –, verflüchtigt sich »die abgründig negative Bedeutungsmacht des Todes, seine ins Leben vorragende, in dessen Verlaufsbahnen verwobene Gegenmacht«[8]. Im »Nachtwandler-Lied«, dem »Trunkenen Lied«, spricht Zarathustra von der Liebe als dem Sinn des Seins: »Alles von neuem, Alles ewig, Alles verkettet, verfädelt, verliebt, oh so *liebtet* ihr die Welt, – ihr Ewigen, liebt sie ewig und allezeit: und auch zum Weh sprecht ihr: vergeh, aber komm zurück! *Denn alle Lust will – Ewigkeit!*« (IV, 402)

Mit dieser Selbstbejahung des Seins hat das erotische Pathos Zarathustras die aus dem Nihilismus resultierende Versuchung zur Selbstvernichtung, diese in allem heutigen Geschehen spürbar werdende Tendenz, besiegt. Dazu schreibt Karl Löwith: »Das ›Ringen‹ des Willens, zu dem die ›Rache‹ an dem, was schon ist und also nicht mehr zu wollen ist, wesentlich dazugehört, verwandelt sich zum Segnen jenes ganz anderen Ringes, der die ewige Wiederkehr alles Seienden ist. Der von jedem ›Du sollst‹ losgebundene Wille, der das Wesen der modernen Menschenwelt ist, ist damit ›übermenschlich‹ von sich selbst erlöst.«[9]

Was immer es mit Nietzsches Anspruch einer »Erlösung« der Welt zum »Tanzboden für göttliche Zufälle« auf sich haben mag, fest steht nur, daß er »kurz nach der Vollendung von *Ecce homo* und *Antichrist* wie der Seiltänzer aus der Vorrede *Zarathustras* von seinem eigenen Schatten übersprungen wurde, das mühsam erhaltene Gleichgewicht verlor und abstürzte«[10]. Hier ist an Franz Overbeck zu erinnern, der den Absturz seines unglücklichen Freundes anders sah »als diejenigen, welche aus Nietzsches Wahnsinn entweder schließen möchten, daß er gerade so auf dem rechten Wege, oder aber auf dem Irrweg war«[11]. In einer späteren Aufzeichnung schrieb Overbeck die bedenkenswerten Sätze: »Ans Ziel gelangt ist auf der Fahrt, die ich hier meine, noch niemand, und insofern ist auch Nietzsche darauf nicht mehr mißlungen als anderen. Was sich ihm versagte, war das Glück, das andern, Glücklichern, dergleichen ich kannte, günstig gewesen ist. Gescheitert ist *er* freilich, aber doch nur so, daß er gegen die unternommene Fahrt als Argument so gut und so schlecht dienen kann, wie die Schiffbrüchigen gegen das Beschiffen des Meeres.«[12]

Hatte Overbeck in seiner Antwort auf Nietzsches Übersendung des ersten Teils des *Zarathustra* zu bedenken gegeben, ob es heilsam sei, die Zukunft der Menschheit »überhaupt in solchen Höhen und Spitzen aufzufassen«, so hat sich dieses Bedenken, glaubt man an die Logik der Geschichte, bereits überholt. In seinem Buch über *Zarathustras Ende* hat Anacleto Verrechia ebenso lakonisch wie bitter konstatiert: »Im übrigen hat die Welt nicht jene Richtung eingeschlagen, die von Zarathustra mit Trompetenstößen und messianischer Solennität gewollt und angekündigt worden war.«[13]

Aber diese Bilanz ist noch kein zwingendes Argument gegen Nietzsche selbst, der in der letzten seiner *Unzeitgemäßen Betrachtungen*, »Der Fall Wagner«, erklärt hat: »Was verlangt ein Philosoph am ersten und letzten von sich? Seine Zeit in sich zu überwinden, ›zeitlos‹ zu werden.« (VI, 11)

Nietzsches Schriften, die trotz ihrer scheinbar abschließenden Antworten »den Mut zum Problem« (F. Overbeck) in *allen* Bereichen des Daseins dadurch aufrechterhalten, daß sie sich weniger der Strenge des Diskurses als vielmehr der genuinen Bewegtheit ihrer ins Unbestimmte und Offene führenden Motive und Themen anvertrauen, bilden immer noch ein uns faszinierendes »Ausstrahlungsphänomen« (G. Benn). Nah ist uns

Nietzsche, insofern die geschichtlichen Bedingungen seines Denkens im Schatten des Nihilismus immer noch die unseren sind, fremd bleibt er uns, insofern sein philosophisches Denken sich zum Erdenken der Ewigkeit der Zeit übersteigt.

»Das Glück meines Daseins, seine Einzigkeit vielleicht, liegt in seinem Verhängniss: ich bin, um es in Räthselform auszudrücken, als mein Vater bereits gestorben, als meine Mutter lebe ich noch und werde alt.« (VI, 264) Was Nietzsche als »Rätselform« bezeichnet, ist die Spannung zwischen dem schon vergangenen Heute und einem noch unbewiesenen Morgen. So gesehen, ist Nietzsche »ein Spätling und zugleich eine Frühgeburt des kommenden Jahrhunderts«[14]. Ob aber sein »Vorspiel einer Philosophie der Zukunft« mehr ist als nur das melodische Fragment »einer unbekannten Musik«, bleibt einerseits Gegenstand der philosophischen Diskussion, ist darüber hinaus aber stets auch an die Haltung individueller Bewahrheitung gebunden. Für eine solche Haltung vermag das kompromißlos-verzweifelte Denken Nietzsches jene »Verbindlichkeit« zu gewinnen, von der einer der gründlichsten Leser Nietzsches, G. Colli, in seinem Buch *Nach Nietzsche* exemplarisch Rechenschaft gegeben hat: »Nietzsche ist das Individuum, das als einzelnes unsere Gedanken über das Leben auf ein höheres Allgemeinniveau gehoben hat, und dies gelang ihm, weil er sich von den Menschen und Dingen, die ihn umgaben, einen rücksichtslosen Abstand bewahrte, so daß wir nun gezwungen sind, von der Ebene auszugehen, die er uns angewiesen hat. Seine Stimme übertönt jede andere Stimme der Gegenwart; die Klarheit seines Denkens läßt jedes andere Denken unscharf erscheinen. Für den, der sich aus den Ketten gelöst hat und in der Arena der Erkenntnis und des Lebens Tyrannen nicht anerkennt, zählt einzig er.«[15]

Das Werk

»Ich kenne mein Los. Es wird sich einmal an meinen
Namen die Erinnerung an etwas Ungeheures
anknüpfen – an eine Krisis, wie es keine auf Erden
gab, an die tiefste Gewissens-Kollision, an eine
Entscheidung, heraufbeschworen *gegen* alles, was bis
dahin geglaubt, gefordert, geheiligt worden war.«
Ecce homo, 1888

Nietzsches Werk ist, wie das keines anderen Philosophen nach
Hegels Tod, bestimmend für die geistige Krise unserer Zeit.
Womit dieses Werk ernst macht, ist eine an der Zerfallslogik der
Metaphysik orientierte Phänomenologie des europäischen Nihilismus, deren Ergebnis eine radikale Verdächtigung des durch
systematische Philosophie und erkenntnistheoretische Forschung vorgetragenen Wahrheitsbegriffs zeitigt, so daß »nichts
mehr wahr« und darum »alles erlaubt« ist. Der in Nietzsches kritischen Schriften universal gewordene Sinnlosigkeitsverdacht,
der den Rückschlag von »Gott ist die Wahrheit« in »Alles ist
falsch« erzwingt, indem er »den gesamten überlieferten Wesens-
bestand des Seins in seiner Wahrheitslosigkeit« aufdeckt [16], zeigt
den »Text« der Realität als endloses Spiel von Bedeutungsüber-
lagerungen im Interpretationsspektrum des Perspektivismus. Ist
für Nietzsche der »Gesamt-Charakter der Welt [...] in alle Ewigkeit Chaos« (III, 468), so kommt bei ihm alles darauf an, dieses
»Chaos« als ein Tätigkeitsspiel des Willens zur Macht zu verstehen, in dem die Dissonanzen im Instanzengefüge der Welt sich

zu einer »Konsonanz« bilden, deren musikalische Ausdrucks-formen in der dionysischen Sprache des *Zarathustra* hörbar wer-den. Nietzsches Immoralismus, der als Ausdruck einer »neuen«, d.h. ästhetisch bestimmten Perspektive »das Furchtbare und Fragwürdige, das allem Dasein eignet« (II, 376 f.), entschieden artikuliert, seine Lehre vom »Willen zur Macht« und insbeson-dere seine Lehre von der »ewigen Wiederkehr des Gleichen« haben in der bis heute andauernden, immer noch moralisch be-lasteten Rezeptionsgeschichte schwere geistesgeschichtliche und politische Irrtümer heraufbeschworen.[17]

Die folgende Darstellung der wichtigsten Komplexe seines Werks will demgegenüber versuchen, zu einem »besseren«, d.h. vor allem sachlicheren Verständnis Nietzsches zu verhelfen. Nietzsches »System« im ganzen soll dabei in seiner Bewegung präsentiert werden, die vom »Du sollst« des der Metaphysik unterworfenen Daseins zum »Ich will« des frei gewordenen Gei-stes hin »zur ›Wiedergeburt‹ des ›Ich bin‹ als der ›ersten Bewe-gung‹ eines ewig wiederkehrenden Daseins« (K. Löwith) führt. Dazu gehört auch, daß die Darstellung selbst beständig auf die Grenzen der Interpretierbarkeit des Werks reflektiert.

Die tragische Gestaltgebung des Lebens – Nietzsches frühe Werke

Die Geburt der Tragödie

> »[...] denn nur als ästhetisches Phänomen ist das Dasein und die Welt ewig gerechtfertigt.«

Nietzsches am 2. Januar 1872 bei E. Fritsch in Leipzig erschiene-nes Buch *Die Geburt der Tragödie aus dem Geiste der Musik* nimmt innerhalb seiner Schriften eine exponierte Stellung ein, ereignet sich doch mit ihm, in einem übertragenen Sinne, »die Geburt« seiner Philosophie. In seinem philosophischen Erstlingswerk geht Nietzsche von den Bildern zweier griechischer Götter aus: Apollo und Dionysos. Ist Apollo, der Gott von Delphi, der reine, der heilige, der läuternde Gott, so ist Dionysos, der gestaltenreiche fremde Gott aus Thrakien, Herr des rauschhaften Lebens und des Todes. Über die an diese Göttergestalten gebundenen Begriffsbildungen des »Apollinischen« und des »Dionysischen« sowie eine am griechischen Mythos sich orientierende künstlerische Weltauslegung entwirft Nietzsche seine Lehre vom Aufstieg und Verfall der griechischen Tragödie vor dem Hintergrund einer Gesamtdeutung des Griechentums. Diese bezieht sich vor allem auf die einzigartige Haltung der Griechen zu einer tief tragischen Grunderfahrung des Lebens, die für Nietzsche zum Ausgangspunkt seiner eigenen Vision einer neuen Welterfahrung im Zeichen des Dionysos-Mythos wird. Diese Grunderfahrung weist auf eine innere Dynamik im Walten der Götter, die Macht und Ohnmacht des Menschenlebens, das in allem Seienden wirkende Schicksalsgesetz, dem selbst die Götter nicht enthoben sind. So gesehen ist der Vorgang des Lebens als solcher tragisch, weil er sich im Zerstören erfüllt. Nietzsches Tragödienschrift ist der Boden, aus dem seine Philosophie eines tragischen Weltdenkens erwächst. Der zukunftsweisende Charakter des Werks beruht insbesondere auf der philosophischen Einsicht in den tragisch-dionysischen Wesenszug des Lebens. Ein zentrales Motiv im Denken des jungen Nietzsche stellt das Tragische als die erste »Grundformel« für seine eigene Seinserfahrung dar.[18]

Die herausragende Position der *Geburt der Tragödie* in der Philosophie Nietzsches hat die Forschung bei aller unterschiedlichen Würdigung ihres Werts für ein angemessenes Verständnis der griechischen Tragödie stets anerkannt. In erster Linie aber ist es Nietzsche selbst, der bei aller Kritik und »Selbstkritik« stets an dem Rang der hohen Intuitionen und tiefen Erkenntnisse seines Erstlingswerks festgehalten hat. »Ich war der erste«, schreibt er in der *Götzen-Dämmerung* (1888), »der, zum Verständnis des älteren, des noch reichen und selbst überströmenden hellenischen Instinkts, jenes wundervolle Phänomen ernst nahm, das den Namen Dionysos trägt« (VI, 158). Noch im Nachlaß der spätesten Zeit rekapituliert er die Gegensätzlichkeit des Apollinischen und des Dionysischen in einer längeren Passage zu seiner Tragödienschrift, die deren entscheidende Begrifflichkeiten, Entdeckungen und Fragestellungen in einer hochstilisierten literarischen Form der Selbstdarstellung präsentiert: »Diese Gegensätzlichkeit des Dionysischen und Apollinischen innerhalb der griechischen Seele ist eines der großen Räthsel, von dem N[ietzsche] sich angesichts des griechischen Wesens angezogen fühlte. Nietzsche bemühte sich im Grunde um nichts als um zu errathen, warum gerade der griechische Apollinismus aus einem dionysischen Untergrund herauswachsen mußte: der dionysische Grieche nöthig hatte, apollinisch zu werden [...].« (XIII, 225)

In seiner philosophischen »Autobiographie« *Ecce homo* hebt Nietzsche noch einmal hervor, als erster »das wundervolle Phänomen« des Dionysischen entdeckt und vor allem begriffen zu haben: »In wiefern ich ebendamit den Begriff ›tragisch‹, die endgültige Erkenntnis darüber, was die Psychologie der Tragödie ist, gefunden hatte, habe ich zuletzt noch in der *Götzen-Dämmerung* Seite 139 zum Ausdruck gebracht. ›Das Jasagen zum Leben selbst noch in seinen fremdesten und härtesten Problemen; der Wille zum Leben im *Opfer* seiner höchsten Typen der eigenen Unerschöpflichkeit frohwerdend – *das* nannte ich dionysisch, das verstand ich als Brücke zur Psychologie des *tragischen* Dichters. [...]‹« (VI, 312)

Angesichts der Bedeutsamkeit der vorgestellten Zitate erscheint es angebracht, darzulegen, worin die herausragende Stellung der *Geburt der Tragödie* und ihr innerer Zusammenhang mit der Philosophie Nietzsches begründet ist. Nietzsche versucht in ihr – über die spekulative Theorie der Entstehung der griechischen Tragödie hinaus – erstmals eine Gesamtauslegung der Welt am Leitfaden der Kunst. Im Rahmen von Nietzsches Umwertung der Werte markiert dies einen gedanklichen Neuanfang, der zwar in der geistigen Tradition der Romantik steht, dessen Kühnheit aber um so eindrucksvoller ausfällt, als die Stellung der Kunst in allen traditionellen Systemen der Philosophie, mit Ausnahme derjenigen Schellings und Schopenhauers, eine zweitrangige ist. Daß die Kunst der wahre Königsweg der Philosophie ist, das ist erst mit Nietzsche als unverlierbares Wissen deutlich geworden.

Die Kunst führt die Verborgenheit des tragischen Wesens der Welt in seine Sichtbarkeit, lautet eine der zentralen Thesen der *Geburt der Tragödie*. Des weiteren erweist sich die in der Tragödienschrift entwickelte Konzeption eines »tragisch-dionysischen Weltzustandes« als entscheidender Vorgriff auf die Thematik von Nietzsches Spätphilosophie. Die innere Übereinstimmung erstreckt sich auf das Agonale, den Widerstreit von Apollo und Dionysos, der sich im Spätwerk in abstrakter Stilisierung zum Kampf der Machtkonstellationen im Wille-zur-Macht-Geschehen erweitert. Ist *Die Geburt der Tragödie* zunächst eine Transformation der von Schopenhauer übernommenen Grundkonzeption der Welt als »Wille und Vorstellung« auf den Boden des Altertums, so läßt die Kunstphilosophie des jungen Nietzsche aus der immerwährenden Flut des Werdens und Vergehens zwei Gestaltprinzipien hervortreten, die in ihrem gegenwendigen Bezug den mythischen Bogen des Lebens bilden: Apollo als »leuchtende Verherrlichung der *Ewigkeit der Erscheinung*« (I,

108), Dionysos als der alle Erscheinungen nichtende, reißende Zug der Tiefe. Die taghelle Welt ist als Kosmos der Gestalten die mit dem Schönheitsschleier der Kunst als Überwurf versehene Sphäre des Apollo. Die primär über die Musik eröffnete nächtliche Welt steht unter der Herrschaftssphäre des Dionysos. In der *Geburt der Tragödie* erwächst das Weltdenken des jungen Nietzsche aus der gegensätzlichen Bezogenheit und notwendigen Wechselseitigkeit dieser beiden Weltsphären. Die im Rahmen seiner Deutung der griechischen Tragödie gewonnene »dionysische Weisheit«, deren Wahrheit aus blitzhaften Aufhellungen der allem Geschehen innewohnenden Dynamik der mythischen Mächte des Lebens besteht, erweist sich für Nietzsches Philosophie als bestimmend. In der Tragödienschrift wird erstmals jener so charakteristische »höchste Zustand der Daseins-Bejahung concipiert, in dem sogar der Schmerz, jede Art von Schmerz als Mittel der Steigerung [des Lebens] ewig einbegriffen ist: der *tragisch-dionysische* Zustand« (XIII, 229). Umfassender formuliert heißt dies: Die dionysische »Wahrheit« mit ihrer Furchtbarkeit der Zerstörung und der apollinische »Schein« mit seinen an dem Licht- und Schattenspiel der Erscheinungen entflammten Entzückungen gehören im Sein der Welt unauflösbar zusammen.

Was die Stellung der *Geburt der Tragödie* im Gesamtwerk Nietzsches und ihre Bedeutung für seine Philosophie betrifft, so läßt sich zusammenfassen: Die zentrale These von der *tragischen* Verfassung des Lebens, die Nietzsches Frühwerk in seinem ästhetischen Entwurf auf eine mythische Gesamtanschauung der Welt insgesamt charakterisiert, ist die entscheidende Klammer, welche die Tragödienschrift mit seinem späten Weltdenken im Zeichen des Dionysos verbindet.

Mit der *Geburt der Tragödie*, die von den Fachkollegen als Brüskierung der Philologie empfunden wird, ohne Verständnis dafür, daß sie in ihrem philosophischen Antimodernismus gar keine philologische Arbeit, sondern die esoterische Selbstdarstellung eines philosophischen Neuansatzes ist, verliert Nietzsche seine Reputation als Philologe (»Jemand, der so etwas geschrieben hat, ist wissenschaftlich tot« – Hermann Usener). Als Folge dieses »Skandals« bleiben im Wintersemester 1872/73 an der Universität Basel die Philologiestudenten aus. Im November 1872 schreibt Nietzsche an Erwin Rohde: »Mit äußerster Noth habe ich *ein* Colleg über Rhetorik der Griechen und Römer zu Stande gebracht, mit 2 Zuhörern, d.h. einem Germanisten und einem Juristen.« (Briefe IV, 85)

Ab Ende Mai 1872 entstehen die ersten Aufzeichnungen einer kleinen, von Nietzsche »geheimgehaltenen« Abhandlung *Ueber Wahrheit und Lüge im aussermoralischen Sinne.* Sie reduziert als erkenntnistheoretischer Exkurs die abendländische Metaphysik auf eine »Physik des Geistes« und leitet damit die Zerstörung jener drei großen Ideen – Gott, Wahrheit, Sein – ein, in denen die Prinzipienmetaphysik ihren Grund hat. Sie entwickelt aber auch zum ersten Mal die Grundfrage aller späteren Schriften Nietzsches: Was sind der Sinn und die Stellung des rätselhaften »Bruchstückes« Mensch im Ganzen der von Natur aus seienden Welt? Das Verständnis dieser kleinen Schrift mit ihrer genialen Einsicht, Wahrheit als Textur, als »ein bewegliches Heer von Metaphern« zu sehen, ist für das Verständnis des radikalen erkenntnistheoretischen Skeptizismus Nietzsches wie auch für die durch diesen eröffnete Fragestellung nach dem umfassenden Verhältnis von Welt und Mensch unentbehrlich und verdient von daher genaueste Beachtung.

Ueber Wahrheit und Lüge im aussermoralischen Sinne

> »[...] die Wahrheiten sind Illusionen, von denen man
> vergessen hat, dass sie welche sind«

In der einleitenden Passage seiner Abhandlung *Ueber Wahrheit
und Lüge im aussermoralischen Sinne* zeigt Nietzsche die phylogenetisch bestimmte Entwicklung des Denkens als Naturgeschichte, in der das Denken keine absolut autonome Größe
mehr ist, sondern vergängliches Konstrukt flüchtiger menschlicher Natur.

»In irgendeinem abgelegenen Winkel des in zahllosen Sonnensystemen
flimmernd ausgegossenen Weltalls gab es einmal ein Gestirn, auf dem
kluge Thiere das Erkennen erfanden. Es war die hochmüthigste und verlo-
genste Minute der ›Weltgeschichte‹: aber doch nur eine Minute. Nach
wenigen Athemzügen der Natur erstarrte das Gestirn, und die klugen Thiere mussten sterben. So könnte jemand eine Fabel erfinden und würde
doch nicht genügend illustrirt haben, wie kläglich, wie schattenhaft und
flüchtig, wie zwecklos und beliebig sich der menschliche Intellekt innerhalb der Natur ausnimmt. Es gab Ewigkeiten, in denen er nicht war; wenn
es wieder mit ihm vorbei ist, wird sich nichts begeben haben.« (I, 875)

Als Hilfsmittel zur kollektiven Selbsterhaltung ist der Intellekt
zugleich Täuschung über den zweck- und sinnlosen Charakter
der von Natur aus seienden Welt – eine Täuschung, die das
menschliche Dasein, welches »auf dem Erbarmungslosen, dem
Mörderischen« innerer wie äußerer Natur »in der Gleichgültigkeit seines Nichtwissens« beruht, überhaupt erst ermöglicht. Der
Intellekt als Organon des Willens zur Selbsterhaltung verstellt
den mörderischen Naturzusammenhang ständigen Werdens und
Vergehens und erweist durch die von ihm fiktiv produzierte Welt
eines mit sich identischen Seins den Gegensatz von Wahrheit und

Lüge als eine durch soziales Bedürfnis erzwungene Konstruktion:

»Soweit das Individuum sich gegenüber andern Individuen erhalten will, benutzte es in einem natürlichen Zustande der Dinge den Intellekt zumeist nur zur Verstellung: weil aber der Mensch zugleich aus Noth und Langeweile gesellschaftlich und heerdenweise existiren will, braucht er einen Friedensschluss und trachtet danach, daß wenigstens das allergrösste *bellum omnium contra omnes* aus seiner Welt verschwinde. [...] Jetzt wird [...] das fixirt, was von nun an ›Wahrheit‹ sein soll d.h. es wird eine gleichmässig gültige und verbindliche Bezeichnung der Dinge erfunden, und die Gesetzgebung der Sprache giebt auch die ersten Gesetze der Wahrheit: denn es entsteht hier zum ersten Male der Contrast von Wahrheit und Lüge [...].« (I, 877)

»Wahrheit« wird somit als ein auf der Semiotik der gesellschaftlichen Triebstruktur beruhendes Wahrheitsinteresse deutlich. Auf gesellschaftlicher Konvention basierende Bezeichnungen fixieren innerhalb der Welt menschlicher Relationen, was als »wahr« (bzw. »falsch«) zu gelten hat. Dem sozialen Austausch in den menschlichen Verkehrsformen korrespondiert die Vertauschung unbestimmbarer ontologischer Qualitäten in abstrakte Quantitäten: das »Gleichsetzen des Nichtgleichen«. Soziale Verkehrsformen beruhen somit auf der Anerkennung der Identifikationsprinzipien sprachlicher Bezeichnungssysteme. Als sprachlich vermittelte ist Wahrheit durch und durch anthropomorphistisch – »eine Summe von menschlichen Relationen« –, aber keine Wahrheit »an sich«.

Die Verführung durch die Sprache besteht für Nietzsche vor allem darin, daß sie aufgrund der ihr eigenen grammatisch bedingten Logik der Relationen die lebensermöglichende Täuschung intellektueller Urteilsleistungen als Naturzusammenhang erscheinen läßt. Aus der grammatisch vorgezeichneten Relation

31

von »akzidentellem« Prädikat und »zugrundeliegendem« Subjekt entsteht z.B. die Fiktion einer realen Kausalverknüpfung der Dinge. In diesem Sinne gehört es zur Suggestion der Sprache, daß sie vorgibt, die Dinge entsprächen dem Bild des grammatischen Zusammenhangs, die Struktur eines Satzes weise auf die Struktur der Realität selbst zurück. Der Glaube an die begriffliche Macht der Sprache wird zur Basis der Erkenntnis, indem sich alles Denken nur innerhalb abstrakter sprachlicher Verweisungen realisiert. Wenn aber der Glaube an die Grammatik eine das menschliche Bewußtsein beherrschende Gewalt ist, dann geht das Delirium der Sprache auf das menschliche Dasein insgesamt über. In den sprachlichen Fiktionen löst sich Wahrheit im Sinne einer isomorphen Verbindung zwischen Wirklichkeit und sprachlicher Repräsentation auf; sie wird zu einem Gewimmel von »Metaphern, Metonymien, Anthropomorphismen«. Kann das ohnehin nur noch fiktive Subjekt über die ihm grammatisch vorgegebenen Denkschematismen sich selbst nicht mehr benennen, dann ist die Herrschaft kollektiven Wahns bereits latent vorhanden – darin besitzt die nominalistische Erkenntnistheorie Nietzsches ihr traumatisches Moment. Nietzsches erkenntnisskeptische Intentionen verbinden sich in konsequenter Fortführung der »Tapferkeit des schärfsten Blicks« mit dem Impuls, anhand einer gleichsam archäologischen »Semiotik« des Lebens sich in Richtung auf dessen rezidivierende Wildheit, seine tabuisierte und dem Bewußtsein verschlossene Zone vorzutasten: »Was weiss der Mensch eigentlich von sich selbst! Ja, vermöchte er auch nur sich einmal vollständig, hingelegt wie in einen erleuchteten Glaskasten, zu percipiren? Verschweigt die Natur ihm nicht das Allermeiste [...]? Sie warf den Schlüssel weg: und wehe der verhängnissvollen Neubegier, die durch eine Spalte einmal aus dem Bewusstseinszimmer heraus und hinab zu sehen vermöchte und die jetzt ahnte, dass auf dem Erbarmungslosen, dem

Gierigen, dem Unersättlichen, dem Mörderischen der Mensch ruht, in der Gleichgültigkeit seines Nichtwissens, und gleichsam auf dem Rücken eines Tigers in Träumen hängend.« (I, 877)

Unzeitgemäße Betrachtungen

> »[...] dies alles im glänzenden Zauberspiegel
> eines philosophischen Parodisten sehen, in dessen
> Kopfe die Zeit über sich selbst zum ironischen
> Bewusstsein, und zwar deutlich ›bis zur
> Verrücktheit‹ [...] gekommen ist.«

In den Jahren zwischen 1873 und 1876 entstehen als Werke des »Übergangs und der Reifung« (G. Colli), unter wachsender Vereinsamung, Krankheit und »schon mitten in der moralischen Skepsis und Auflösung«, Nietzsches *Unzeitgemäße Betrachtungen*, die gegen die »dekorative Kultur« des Historismus, gegen die teleologische Sinndeutung der Geschichte und gegen die zunehmende Politisierung der menschlichen Vorstellungswelt gerichtet sind. Nietzsches scharfe Kritik der Bismarck-Ära gilt vor allem der »Kulturstaatsidee«, deren ideologischen Charakter er an der ins Idyllisch-Resignative gewendeten Attitüde des Bildungsbürgertums ebenso nachweist wie an den »modernen Ideen« Wissenschaft, Kunst und Religion. Diese verschleiern das Leiden an der entfremdeten Wirklichkeit, indem sie sie ins Positive uminterpretieren und dem Individuum auferlegte Versagungen dadurch zu kompensieren trachten, daß sie den grundlegend repressiven Charakter der Kultur als »Schicksal« legitimieren. Unter der gleißenden Fassade der Prosperität dauert die Not, das innere Elend »des modernen Menschen« an. Je emphatischer die »freie Persönlichkeit« beschworen wird, desto gewisser läßt sich auf ihre reale Unfreiheit rückschließen. Dem Zwang der realen

Verhältnisse korrespondiert der Zwang der Selbstentfremdung, jener »Wahn«, der noch Versagungen als Erfüllungen gelten läßt, indem die von der Lebensnot erzwungene diktatorische Anpassung zum Ziel der Selbstverwirklichung erklärt wird: zu leben, um ein nützliches Glied der Gesellschaft zu werden. Die universal gewordene Anpassung erzeugt jene Naivität, die sich dem zeitgenössischen Selbstverständnis der Gesellschaft reflexionslos anheimgibt und die »Überschminkung« der sozialen Triebstruktur für deren natürliche Bestimmung hält.

Die Täuschung gelingt, weil der (gesamtgesellschaftlich produzierte) Schein, der sich für das gute Ganze der Realität ausgibt, total geworden ist, so daß die Erscheinung des bürgerlichen Subjekts »ganz und gar Schein« ist. Der »Pomp der Kultur« verfestigt die Illusion naturgegebener Lebensverhältnisse, deren »Lärmend-Festliches« das Elend des menschlichen Produktions- und Reproduktionszusammenhangs kaschiert. Die modernen Ideen, die das gesellschaftliche Leben bestimmen, sind insofern nivellierend, als sie die Abdankung des freien Individuums betreiben. Die allgemein gewordene Unterwerfung unter die Gewalt der herrschenden Zustände gewinnt ihren definitiven Charakter durch das Undurchschaubare jenes fatalen Zirkels: Indem die modernen Ideen die realen Zustände verfestigen, sichert der Zwang der Verhältnisse gerade diesen Ideen ihre Überzeugungskraft. Als »Unzeitgemäßer« richtet Nietzsche seine Kritik gegen die zeitgenössischen Ideen, sieht er sich unter der Perspektive des Kampfes als grimmiger Widersacher des ideologischen Bewußtseins seiner Zeit. Sein Haß richtet sich vor allem gegen die Phraseologie des zeitgeschichtlichen Spekulantentums, wie es sich im konservativen »Bildungsphilister« verkörpert, der durch die liberale Unterscheidung von Kultur einerseits und Politik andererseits in der Kultur lediglich eine unpolitische Summe von ästhetisch genießbaren »Gütern« sieht und im übrigen geneigt ist, die Umtriebe einer illusionsbedürftigen Zeit bereits für »die Kultur« zu halten.

Den Repräsentanten jener »Pseudokultur des Bildungsphilisters«, in der das revolutionäre Potential der bürgerlichen Aufklärung auf den biedermeierlichen Entwurf einer »Gartenhausidylle« heruntergekommen ist, sieht Nietzsche in David Friedrich Strauß (1808-1874), gegen den das erste Stück der *Unzeitgemäßen Betrachtungen* gerichtet ist: »das böse Gelächter eines ›sehr freien Geistes‹ über einen solchen, der sich dafür hielt«. Strauß, dessen *Leben Jesu* (1835) den jungen Nietzsche einst begeisterte, hatte seine politische Fortschrittlichkeit während der 1848er Revolution aufgegeben und in dem 1872 erschienenen Werk *Der alte und der neue Glaube* seine destruktive Kritik am »alten Glauben« des Christentums durch einen »neuen Glauben« an das Vernünftige und Gute in der Welt im Sinne des wissenschaftlichen Fortschritts ersetzt. Die von Strauß naiv vorgetragene Auffassung, der zufolge die Welt letztendlich vernünftig und gut sei – eine Auffassung, deren Herkunft im rationalen Optimismus der Hegelschen Philosophie liegt, der sich Strauß geistig verpflichtet fühlte –, ist das strikte Gegenteil von Schopenhauers metaphysischem Pessimismus und mußte daher Nietzsche verärgern. Mit dem Angriff auf den »neuen Glauben« von Strauß zielt Nietzsche jedoch zugleich auch auf das »Philisterbekenntnis« der Hegelschen Philosophie mit ihrer reaktionären Vergötterung der Alltäglichkeit durch die Zauberformel »von der Vernünftigkeit alles Wirklichen«, welche die Unvernünftigkeit der tatsächlich bestehenden Verhältnisse rechtfertigt und somit latent narzißtische Wunschvorstellungen des real ohnmächtigen und angepaßten Individuums erfüllt. Das Anfechtbare des »neuen Glaubens« besteht für Nietzsche vor allem in dessen abstumpfendem Optimismus, der im stillen mit dem »alten Glauben« die letztlich immer noch theologische

Überzeugung teilt und sich bei ihr beruhigt, daß alles auf eine »höchste Vernunft« angelegt sei. Nietzsches Denken versteht sich dagegen als die gründlichste Widerlegung jeden Glaubens – sei es des »alten« oder eines »neuen Glaubens« – an eine höhere Vernünftigkeit.

Das Zweite Stück der *Unzeitgemäßen Betrachtungen*, »Vom Nutzen und Nachtheil der Historie für das Leben«, ist aufgrund seines hohen spekulativen Niveaus wohl das wichtigste. Es enthält Nietzsches Kritik an der »ungeheuren Neigung der modernen Welt zum historischen Wissen« (G. Colli). Der »Nachteil« der Geschichte ist bei weitem wesentlicher als ihr »Nutzen« – die theoretische Rechtfertigung dieses Standpunkts liegt für Nietzsche in der Tatsache, daß sich die Unmittelbarkeit des Lebens »zuinnerst« dem historischen Wissen entgegensetzt. Jene »Unmittelbarkeit« ist im Vergessen garantiert, während das historische Wissen sich auf den Alptraum des Gedächtnisses gründet. Nietzsche wendet sich ferner gegen jede teleologische Sinndeutung der Geschichte, wie sie durch die Hegelsche Geschichtsphilosophie repräsentiert wird; deren lediglich »innerhalb der Hegelschen Hirnschalen« durchsichtig werdender Glaube an eine höhere Vernünftigkeit des historischen Prozesses wird von Nietzsche – in der Nachfolge von Schopenhauers radikaler Absage an Hegels Vergötzung der Geschichte – als »höherer Unsinn« verworfen. Den Prototyp einer philiströs verflachten Variante des in der Hegelschen Philosophie entfalteten »Weltprozesses« sieht Nietzsche in der Philosophie Eduard von Hartmanns (1842-1906) mit ihrer kontemplativ-praxisfernen Einstellung.

Nietzsches Kritik am Historismus, seine Analyse der »historischen Krankheit«, richtet sich insbesondere gegen die unreflektierten ideologischen Implikate einer Philosophie, deren wissenschaftstheoretisches Postulat einer Trennung von Theorie und Praxis die Anpassung an das Tatsächliche verschleiert. Impliziert bereits die

Notwendigkeit in der Geschichte bei Hegel einen latent nihilistischen Fatalismus, so ist nach Nietzsche jede Geschichtsteleologie mittlerweile zur manifesten Rechtfertigung eines zynischen Einverständnisses mit der Macht des Bestehenden geworden.

»Wer aber erst gelernt hat, vor der ›Macht der Geschichte‹ den Rücken zu krümmen und den Kopf zu beugen, der nickt zuletzt chinesenhaft-mechanisch sein Ja zu jeder Macht, sei dies nun eine Regierung oder eine öffentliche Meinung oder eine Zahlenmajorität, und bewegt seine Glieder genau in dem Takte, in welchem irgend eine ›Macht‹ am Faden zieht.« (I, 309)

Gegenüber der antiquarischen Geschichtsschreibung, die die Bewahrung der geschichtlichen Ursprünge und der Tradition sichert, und der monumentalen Geschichtsschreibung, welche die Erinnerung an die Größe der Vergangenheit bewahrt, hätte die kritische Geschichtsschreibung, die dem Leben eine neue Perspektive eröffnet, vor allem eine Reflexion über Geschichte als Kontinuum von Gewalt und Versagung zu leisten:

» [...] jede Vergangenheit aber ist werth verurtheilt zu werden – denn so steht es nun einmal mit den menschlichen Dingen: immer ist in ihnen menschliche Gewalt und Schwäche mächtig gewesen. [...] Es gehört sehr viel Kraft dazu, leben zu können und zu vergessen, inwiefern leben und ungerecht sein Eins ist. [...] Mitunter aber verlangt eben dasselbe Leben, das die Vergessenheit braucht, die zeitweilige Vernichtung dieser Vergessenheit; dann sollte es eben gerade klar werden, wie ungerecht die Existenz irgendeines Dinges, eines Privilegiums, einer Kaste, einer Dynastie zum Beispiel ist, wie sehr dieses Ding den Untergang verdient.« (I, 269 f.)

Demgegenüber zeigt Hegels Teleologie für Nietzsche eine philiströse Einfärbung, weil sie das Elend der Gegenwart mit der Vollendung der Weltgeschichte gleichsetzt.

Nietzsches Kritik an der Hegelschen Universalgeschichte wie an der von Hegel bestimmten positivistischen Geschichtsmetaphysik legt ihren ideengeschichtlichen Ursprung in jener christlichen Theodizee frei, die in der Geschichtsschreibung heute immer noch fortwirkt. Demgegenüber hält Nietzsche daran fest, daß alle Versuche, aus dem geschichtlichen Prozeß einen ihn übergreifenden Sinn zu extrapolieren, fehlgehen; das heißt, daß es unmöglich ist, aus Geschichte als der bloßen Abfolge ihrer Begebenheiten »eine alles umfassende Notwendigkeit des Geschehens nachzuweisen«. »Bei *jedem noch so zweckbewußten Thun* ist die Summe des Zufälligen Nicht-Zweckmäßigen Zweck-Unbewußten daran ganz überwiegend, gleich der unnütz ausgestrahlten Sonnen-Gluth: das was Sinn *hätte,* ist verschwindend klein.« (XI, 47)

Die in der spekulativen Geschichtsphilosophie vertretene Lehre von einem geschichtsimmanenten Telos ist für Nietzsche ebenso unhaltbar wie die von Hegel vertretene Überzeugung von der Erkennbarkeit des Ziels der Geschichte, an der noch Marx festhält. Muß nach Nietzsche der Anspruch auf eine wissenschaftliche Erkennbarkeit des Wegs aufgegeben werden, der zugleich das Ziel und die Wahrheit der Geschichte wäre, dann muß auch der Gedanke an einen Fortschritt im Sinne einer objektiven Geschichtslogik preisgegeben werden, die den notwendigen Gang der Geschichte einzig zu garantieren wüßte. Der Fortschrittsglaube des 19. Jahrhunderts wird, insofern er die Funktion eines Glaubens an eine der Geschichte immanente Notwendigkeit erfüllt, für Nietzsche als Ideologie durchschaubar.

»Man hat diese Hegelisch verstandene Geschichte mit Hohn das Wandeln Gottes auf der Erde genannt, welcher Gott aber seinerseits erst durch die Geschichte gemacht wird. Dieser Gott aber wurde sich selbst innerhalb der Hegelischen Hirnschalen durchsichtig und verständlich und ist bereits alle dialektisch möglichen Stufen seines Werdens, bis zu jener Selbstoffenbarung, emporgestiegen: so dass für Hegel der Höhepunkt und der Endpunkt des Weltprozesses in seiner eigenen Berliner

Existenz zusammenfielen. Ja er hätte sagen müssen, dass alle nach ihm kommenden Dinge eigentlich nur als eine musikalische Coda des weltgeschichtlichen Rondos, noch eigentlicher, als überflüssig zu schätzen seien. Das hat er nicht gesagt: dafür hat er in die von ihm durchsäuerten Generationen jene Bewunderung vor der ›Macht der Geschichte‹ gepflanzt, die praktisch alle Augenblicke in nackte Bewunderung des Erfolges umschlägt und zum Götzendienste des Thatsächlichen führt: für welchen Dienst man sich jetzt die sehr mythologische und ausserdem recht gut deutsche Wendung ›den Thatsachen Rechnung tragen‹ allgemein eingeübt hat.« (I, 308 f.)

Darin, den herrschaftlichen Anspruch universaler Geschichtskonstruktion – der den historischen Leidensprozeß als Heilsgeschehen mystifiziert und die Sinnlosigkeit des Todes eliminiert – sowie wie die diesem Anspruch eingezeichnete inhumane Praxis als fragwürdige Idolatrie zurückgewiesen zu haben, liegt ein bleibendes Verdienst des Zweiten Stückes der *Unzeitgemäßen Betrachtungen,* das ihr zugleich ihre anhaltende Aktualität sichert. Verpflichtung bleibt auch die Mahnung: »Nur aus der höchsten Kraft der Gegenwart dürft ihr das Vergangene deuten; nur in der stärksten Anspannung eurer edelsten Eigenschaften werdet ihr erraten, was in dem Vergangenen wissens- und bewahrungswürdig und gross ist. Gleiches durch Gleiches! Sonst zieht ihr das Vergangene zu euch nieder!« (I, 293 f.)

Das Dritte Stück der *Unzeitgemäßen Betrachtungen* – »Schopenhauer als Erzieher« (1874) – gilt seinem philosophischen Ideal: Arthur Schopenhauer. Das Porträt, das Nietzsche hier von Schopenhauer zeichnet, trägt bereits Züge von Nietzsches eigenem Bild (»Nietzsche als Erzieher« müßte die Schrift eigentlich heißen, steht im *Ecce homo*): Schopenhauer, der einzelne, der Einsame, der große Verächter, der die »letzte Tugend« unerschrockener Redlichkeit besitzt, den traurigen Einsichten in den allgemeinen Welt- und Höllenapparat nicht auszuweichen, und der die kosmische Nichtigkeit des Individuums in gelassener Heiterkeit zu ertragen weiß. In solchem metaphysischen Pessimismus sieht Nietzsche den Gegenstoß zu jener idealistisch-optimistischen »Hegelei«, welche Versöhnung des Unversöhnbaren mittels einer »Dialektik« sich erschwindelt, die das konkrete Leiden der Menschen durch die Zauberformel von der »Negation der Negation« zum trügerischen Verschwinden bringt. Demgegenüber insistiert Schopenhauers von jeder idealistischen Selbsttäuschung befreiter Pessimismus, »der das Leiden der Wahrhaftigkeit auf sich nimmt«, auf dem Unversöhnten und Untröstbaren einer universalen Leidensgeschichte, innerhalb der die Qual und das Leiden des einzelnen ein flüchtiger Teil ist. Schopenhauers pessimistisches Denken verweigert sich jedem nur ästhetisch-erbaulichen Bildungserlebnis. Dieses Denken ist – weil es keine abstrakte »Philosophie« mehr ist – überhaupt nicht konsumierbar, sondern allein begreifbar jenem einzigartig vom Beispiel Schopenhauers und seiner Erziehung zur Enttäuschung betroffenen, selbst schon dieses Beispiel gewordenen Leser: Friedrich Nietzsche.

Das Vierte Stück der *Unzeitgemäßen Betrachtungen* – »Richard Wagner in Bayreuth« (1876) – zählt zu den wohl vergänglichsten der von ihm veröffentlichten Schriften. In diesem Aufsatz, zur Einweihung des Bayreuther Festspielhauses im Sommer 1876 verfaßt, verwandelt sich Nietzsche während der Niederschrift »vom Preisenden zum Kritiker« (G. Colli). Schon in dieser Schrift ist Wagner für Nietzsche nicht mehr »der Seher der Zukunft, wie er uns vielleicht erscheinen möchte, sondern der Deuter und Verklärer einer Vergangenheit«, die Nietzsche als Vorgeschichte glaubte überwinden zu müssen.

Die Philosophie des Vormittags

Die hier vorgestellten Schriften dokumentieren einen »Bruch«, der sich im Denken Nietzsches um das Jahr 1878 vollzieht. Nicht mehr die im griechischen Mythos, in der tragischen Kunst und in der Musik sich aussprechende »Wahrheit« bildet die thematische Mitte von Nietzsches Denken, sondern jene Skepsis, die als »Schule des Verdachts« das fraglose Vertrauen in das Selbstsein der Dinge untergräbt. Dominierte in Nietzsches Frühwerk die theoretische Ausarbeitung vorwiegend altphilologischer Themen, so wandelt sich sein Denken nunmehr auch in der äußeren literarischen Form. An die Stelle der akademischen Abhandlung tritt die Kunst der pointierten Formulierung, d.h. der Aphorismus als die literarische Stilgattung, durch die Nietzsche im Medium eines versuchenden Denkens der widersprüchlichen Konstitution des Wirklichen gerecht werden will. Diese Verschiebung wirkt sich auch auf den theoretischen Bestand der Werke dieser »positivistischen Periode« aus: Nietzsche gibt in ihnen eine umfassende Symptomatologie des Lebens, in der das einsame wie auch das gesellschaftliche Individuum, die Religion, die Kunst, die Wissenschaft und das moralische Bewußtsein erstmals mittels der Methodik eines umfassenden Perspektivismus erfaßt werden. Zugleich impliziert diese Symptomatologie eine tiefenpsychologisch orientierte Betrachtung der dem Leben eigentümlichen Strebungen, zentriert um die Existenz der Affektpole Eros und Thanatos, sowie die Differenz von Wesen und Erscheinung. Ferner erprobt Nietzsche in ihnen erstmals eine genealogische Sichtweise, die es ihm erlaubt, die Identität der Erscheinungen in eine historische Entwicklungsreihe aufzulösen. Das Relief der überlieferten Metaphysik weicht einer Flucht von Perspektiven, die den Bestand erster und letzter Wahrheiten radikal in Frage stellt. Der ästhetische Reiz, der mit den Schriften Nietzsches von jeher verbunden ist, ist nicht zuletzt auch eine Funktion dieser formalen und inhaltlichen Dynamik.

Menschliches, Allzumenschliches. Ein Buch für freie Geister

> »Kann man nicht *alle* Werthe umdrehn? und ist Gut vielleicht Böse? und Gott nur eine Erfindung [...] des Teufels? Ist alles vielleicht im letzten Grunde falsch?«

Während sich Nietzsches Gesundheitszustand fortwährend verschlechtert, schreibt er *Menschliches, Allzumenschliches.* Die Voltaire gewidmeten Aufzeichnungen, 1876 in Sorrent begonnen, erscheinen 1878. Als Nachträge folgen 1879 die *Vermischten Meinungen und Sprüche* und 1880 *Der Wanderer und sein Schatten.* Als Ergebnis eines permanenten grüblerischen Nachdenkens – »meine einzige Beschäftigung außer meinen ewigen Schmerzen« –, eines Nachdenkens über die Frage, ob nicht vielleicht im letzten Grunde *alles* falsch sei, markieren sie als »Dokument einer Krise« den Umbruch in der Philosophie Nietzsches von einer Neuakzentuierung zu einer Destruktion der bisherigen Werte und Wahrheiten. Im Medium eines methodischen Verdachts vollzieht sich Nietzsches »Kritik der Modernität« in Form einer symptomatologischen Analyse der Lügen seiner Zeit. Die von Nietzsche betriebene destruktiv-entlarvende Psychologie hat die Desillusionierung im Sinne einer Demaskierung menschlicher Selbsttäuschungen zum Thema.

Man kann in dieser Frühschrift noch ganz verschiedene Stilstufen feststellen: wissenschaftliche Prosa, epigrammatische und aphoristische Stücke sowie die Soliloquien, die »der Wanderer und sein Schatten« führen. Diese Textebenen verdeutlichen gleichsam verschiedene Grade der Emanzipation des Subjekts von der durch die Überlieferung des Glaubens, der gelehrten und der künstlerischen Tradition geschaffenen Bindung und nehmen damit die entsprechenden Befreiungsschritte von der alteuropäischen Welt auf, der sich Nietzsche durch seine persönliche Entwicklung und seine Erziehung so tief verbunden wußte.

Ausgangspunkt des Ersten Hauptstücks, »Von den ersten und letzten Dingen«, ist die Konzeption einer »Chemie der Begriffe und Empfindungen« (II, 23), sie zeigt Nietzsche als einen Denker, der den Kantischen Kritizismus unter dem Einfluß von Fr. A. Langes *Geschichte des Materialismus* (1866) materialistisch, ja sogar sensualistisch zu unterlaufen, dadurch aber auch neu zu begründen versucht. Das materialistische Prinzip wird zugleich radikal geschichtlich gedacht. An die Stelle der stationären Prinzipien der traditionellen Naturphilosophie tritt ein strenger Dynamismus, in dessen Prozeß der qualitative Umschlag der Naturerscheinungen nicht dialektisches Konstrukt ist wie in der Lehre Hegels, sondern phänomenologisch-interpretativ erfaßbares Erfahrungsdatum. Schon in dieser frühen Schrift thematisiert Nietzsche im Rahmen einer Philosophie des Organismus die psychophysische Organisation des Menschen.

In eigenartigem Kontrast zu einer wissenschaftlich stilisierten Prosa findet sich eine lyrische Episode in Aphorismus Nr. 29 unter dem Titel *Vom Dufte der Blüthen berauscht*, wo es u.a. heißt: »*Der Irrthum* hat den Menschen so tief, zart, erfinderisch gemacht, eine solche Blüthe, wie Religionen und Künste, herauszutreiben. Das reine Erkennen wäre dazu ausser Stande gewesen. Wer uns das Wesen der Welt enthüllte, würde uns Allen die unangenehmste Enttäuschung machen. Nicht die Welt als Ding an sich, sondern die Welt als Vorstellung (als Irrthum) ist so bedeutungsreich, tief, wundervoll, Glück und Unglück im Schoosse tragend.« (II, 50)

Aus der Verwerfung aller logischen und epistomologischen

Grundbegriffe läßt Nietzsche die »Welt« des Irrtums, der Illusion und des ästhetischen Scheins hervorgehen, das apollinische Prinzip aus seiner Tragödienschrift wird in eine ästhetische Hermeneutik transformiert, für die der Schein in der ihm eigentümlichen Abgründigkeit das gegenüber dem Selbstsein der Dinge reichere Prinzip darstellt. Hat in der *Geburt der Tragödie* der Mythos in Nietzsches Interpretation noch den Ordnungszusammenhang des Seins zu gewährleisten vermocht, so schafft das Denken des »freien Geistes« seine Kristallisationspunkte, indem es aus der Fluktuation der Erscheinungen gewisse Komplexe hervorhebt, die sich in stets wechselnder Bedeutung von einem ungewissen Lebenshintergrund abheben und sich erst in einem offenen Prozeß vorübergehend zu festen Interpretationsgegenständen ordnen. Wenn daher bei Nietzsche von einer Phänomenologie die Rede sein kann, dann nicht im Sinne einer eidetischen Fixierung von Denk- und Erfahrungsinhalten, sondern lediglich im Sinne eines dynamischen Perspektivismus, der sich mit der Grundhaltung einer rückhaltlosen Leidenschaft der Erkenntnis verbindet.

Das Zweite Hauptstück, »Zur Geschichte der moralischen Empfindung«, ist ganz von dem Gedanken einer Geschichte der moralischen Empfindungen beherrscht. In ihm wendet sich Nietzsche – dies ist für ihn von fundamentaler Relevanz – gegen die Autonomie der Ethik im Sinne einer »Idee des Guten« (Plato) als selbständiger Seinsbereich oder als »Unbedingtes« im Sinne von Kants *Kritik der praktischen Vernunft* (1788). Statt dessen fragt Nietzsche nach der Genesis der moralischen Phänomene und löst damit ihren Geltungsanspruch in historischer Perspektive auf. Eine Schlüsselpassage findet sich hierzu in Aphorismus 45:

»Doppelte Vorgeschichte von Gut und Böse. – Der Begriff gut und böse hat eine doppelte Vorgeschichte: nämlich *einmal* in der Seele der herr-

schenden Stämme und Kasten. Wer die Macht zu vergelten hat, Gutes mit Gutem, Böses mit Bösem, und auch wirklich Vergeltung übt, also dankbar und rachsüchtig ist, der wird gut genannt; wer unmächtig ist und nicht vergelten kann, gilt als schlecht. [...] *Sodann* in der Seele der Unterdrückten, Machtlosen. Hier gilt jeder *andere* Mensch als feindlich, rücksichtslos, ausbeutend, grausam, listig, sei er vornehm oder niedrig [...]. Unsere jetzige Sittlichkeit ist auf dem Boden der *herrschenden* Stämme und Kasten aufgewachsen.« (II, 67 f.)

Nietzsche greift in der zitierten Passage bereits der dann in der *Genealogie der Moral* entwickelten Theorie des Ressentiments vor, wenn er den Gegensatz zwischen Gut und Böse nicht mehr in der ethischen, sondern in der moralsoziologischen Dimension sucht.

Das ehrgeizige Programm einer Aufhellung der Ursprungstatsachen menschlicher Kultur führt ihn zu einer scharfen Kritik moraltheoretischer Grundbegriffe wie etwa der Tugend, der Freiheit des Willens und des moralischen Charakters. Von dieser programmatischen Tendenz her erschließt sich die innere Einheit der einzelnen Stücke. Prinzipielle Tendenz von Nietzsches Darstellung ist es, den bloß konstruktiv gewonnenen Begriffen der philosophischen Tradition moralpsychologisch und moralsoziologisch gefüllte Konzepte entgegenzusetzen, wie z.B. die Schuld, das Schamgefühl, die Dankbarkeit und die Rachsucht.

Ein Beispiel für die Wesenserforschung moralischer Phänomene durch Ergründung ihres Ursprungs gibt Nietzsche im Aphorismus 92, in dem er den bekannten Melier-Dialog aus dem Geschichtswerk des von ihm hochgeschätzten Thukydides aufgreift und interpretiert. Während unter Ungleichen nur das brutale Gesetz des Stärkeren zählt, gibt es unter Mächten von gleicher Größenordnung eine adäquate Abstimmung beidseitiger Interessen. In diesem Tatbestand sieht Nietzsche den Ursprung der Gerechtigkeit. Gerechtigkeit ist demnach nicht unpersönlich und überindividuell, sie ist vielmehr das Ergebnis eines Ausgleichs von Kräften.

Es ist die These Nietzsches, daß die Kulturmenschheit den Ursprung der Moralvorstellungen in Vergessenheit hat geraten lassen, so daß ein vermeintlich apriorisches Sittengesetz zur Legitimierung moralischer Handlungen nötig ist. Tatsächlich aber verbirgt sich hinter dem trügerischen Anschein eines solchen »Sittengesetzes« nur ein jeweiliger Gleichgewichtszustand innerer und äußerer Kräfte im menschlichen Leben.

An die Triebgrundlagen der Moral rührt Nietzsche im Aphorismus 99, wenn er dort schreibt: »*Das Unschuldige an den sogenannten bösen Handlungen.* – Alle ›bösen‹ Handlungen sind motivirt durch den Trieb der Erhaltung oder, noch genauer, durch die Absicht auf Lust und Vermeidung der Unlust des Individuums [...].« (II, 95) Schon an diesem kurzen Textstück wird Nietzsches Intention erkennbar, in der Erhaltung und Steigerung des organischen Lebens einen letzten Maßstab für die Beurteilung moralischer Phänomene zu sehen, der seinerseits jeglicher Kritik entrückt ist.

Das Dritte Hauptstück, »Das religiöse Leben«, knüpft an die Religionskritik des 18. und 19. Jahrhunderts an. Jedoch beläßt es Nietzsche nicht bei einer ausdrücklichen Zurückweisung des Wahrheitsanspruchs der Religion, er gewinnt auch zusätzliche Argumente gegen diesen Anspruch mittels einer Reflexion über ihren entstehungsgeschichtlichen Zusammenhang. Was er in diesem Zusammenhang über die mutmaßliche Entstehung kultisch-religiöser Vollzüge mitteilt, zeigt, wie sein Denken schrittweise aus dem Bann der philosophischen Religionskritik heraustritt, um sich statt ihrer der Resultate der religionspsychologischen und soziologischen Tatsachenforschung zu bedienen. Er nimmt daher weder das Kompensationsmodell Schopenhauers (Religion als Mittel zur Linderung des Leidens) noch das Projektionsmodell Feuerbachs (Religion als Projektion des menschlichen Ideals) auf, vielmehr gruppiert er seine konzeptionellen Ideen um den Entwicklungsgedanken, der, teils von der Naturwissenschaft (Darwin), teils von der Philosophie (Comte) ausgehend, zum Zeitpunkt der Entstehung von Nietzsches Schrift die Kulturwissenschaften zu erobern begann.

Dem Christentum gegenüber stellt sich Nietzsche auf die Stufe seiner psychologischen Betrachtung. Folgt er in diesem Zusammenhang einer relativ anspruchslosen Aufklärungstradition, so zeigt er sich in seiner Kritik der christlichen Askese auf der Höhe seiner psychologischen Meisterschaft. Sie erhellt eine Kasuistik der asketischen Motive, die den Bogen von der banalen Eitelkeit bis hin zur raffinierten Selbstzerknirschung spannt. Selbstverleugnung und ein Zerbrechen der individuellen Persönlichkeit sind die Gefühlsmomente und Antriebssegmente der Askese. Darüber hinaus gibt es bei Nietzsche auch eine biologische und soziologische Auffassung der Askese, die einerseits ihre Doppelfunktion im Dienste der Dämpfung wie auch der Steigerung des Lebensinstinkts, andererseits die Wirkung des Asketen und Heiligen auf die Gemeindebildung in den Mittelpunkt der Betrachtung rückt.

Nietzsches Gedankengänge im Vierten Hauptstück, »Aus der Seele der Künstler und Schriftsteller«, werfen ein eigenartig helles Licht auf die Situation der modernen Kultur, die zum einen zu einer immer schärferen Herausbildung der Lebensrollen und -stile führt, zum anderen die Reinheit der Typenbildung dadurch erschwert, daß die Komplexität der Lebensbedingungen, welche auf den Rollenträgern lastet, im Zug der Entwicklung beständig zunimmt. So heben sich z.B. in der modernen Welt die religiöse und die künstlerische Lebensrolle zunehmend kontrastiv voneinander ab. Was die Stellung der Kunst betrifft, die nunmehr hinter derjenigen der Wissenschaft zurücktritt, so ist diese ambivalent. Die Funktion der Kunst ergibt sich aus ihrer allmählichen Loslösung aus sakraler Bindung zugunsten eines offenen Wirkungsspektrums. Kunst kann im Dienste einer Verklärung des Daseins stehen, sie kann aber auch den gesunden Lebensin-stinkt schwächen, indem sie das Schattenhafte, Dunkle und Morbide zu Lasten des Gesund-Vitalen erweitert. Kunst kann der Weihe des Herkommens und dem Ruhm der Vorfahren verpflichtet sein oder sich dem Anspruch und Zugriff der Kol-lektivmächte entziehen.

Wenn Nietzsche im Fünften Hauptstück, »Anzeichen höherer und niederer Cultur«, »niedere« und »höhere« Kultur unter-scheidet, so bleibt eine solche Unterscheidung zunächst wert-neutral. Der Dynamismus der Kulturentwicklung schafft und zerstört Werte, ist aber als solcher wertindifferent. Einer zukünf-tigen Generation vorbehalten bleibt hingegen die Entwicklung einer höheren Kultur, deren Bild Nietzsche im Aphorismus 251 entwirft. Mythische Phantasie und Dichtung sind für sie eben-so unentbehrlich wie der nüchterne Tatsachensinn des Wissen-schaftlers. Das Kennzeichen höherer Kultur liege in der Exi-stenz eines »Doppelgehirns«, dessen »Kammern« »Wissenschaft« wie auch »Nicht-Wissenschaft« zu »empfinden« in der Lage sind:

»[...] neben einander liegend, ohne Verwirrung, trennbar, abschliessbar; es ist diess eine Forderung der Gesundheit. Im einen Bereiche liegt die Kraftquelle, im anderen der Regulator: mit Illusionen, Einseitigkeiten, Leidenschaften muss geheizt werden, mit Hülfe der erkennenden Wis-senschaft muss den bösartigen und gefährlichen Folgen einer Ueberhei-zung vorgebeugt werden. – Wird dieser Forderung der höheren Cultur nicht genügt, so ist der weitere Verlauf der menschlichen Entwickelung fast mit Sicherheit vorherzusagen: das Interesse am Wahren hört auf, je weniger es Lust gewährt; die Illusion, der Irrthum, die Phantastik er-kämpfen sich Schritt um Schritt, weil sie mit Lust verbunden sind, ihren ehemals behaupteten Boden: der Ruin der Wissenschaften, das Zurück-sinken in Barbarei ist die nächste Folge; von Neuem muss die Mensch-heit wieder anfangen, ihr Gewebe zu weben, nachdem sie es, gleich Pene-lope, des Nachts zerstört hat. Aber wer bürgt uns dafür, dass sie immer wieder die Kraft dazu findet?« (II, 209)

Der abschließende Aphorismus 292 mit dem Titel *Vorwärts* ist ein einzigartig »versöhnter« Rückblick Nietzsches auf den Weg seiner geistigen Entwicklung, verbunden mit einer Retrospektive auf die europäische Kultur und ihre Quellen.

»Man muss Religion und Kunst wie Mutter und Amme geliebt haben, – sonst kann man nicht weise werden. Aber man muss über sie hinaussehen, ihnen entwachsen können; bleibt man in ihrem Banne, so versteht man sie nicht. Ebenso muss dir die Historie vertraut sein und das vorsichtige Spiel mit den Wagschalen: ›einerseits-andererseits‹. Wandle zurück, in die Fussstapfen tretend, in welchen die Menschheit ihren leidvollen grossen Gang durch die Wüste der Vergangenheit machte: so bist du am gewissesten belehrt, wohin alle spätere Menschheit nicht wieder gehen kann oder darf. Und indem du mit aller Kraft vorauserspähen willst, wie der Knoten der Zukunft noch geknüpft wird, bekommt dein eigenes Leben den Werth eines Werkzeuges und Mittels zur Erkenntniss. Du hast es in der Hand zu erreichen, dass all dein Erlebtes: die Versuche, Irrwege, Fehler, Täuschungen, Leidenschaften, deine Liebe und deine Hoffnung, in deinem Ziele ohne Rest aufgehn. Dieses Ziel ist, selber eine nothwendige Kette von Cultur-Ringen zu werden und von dieser Nothwendigkeit aus auf die Nothwendigkeit im Gange der allgemeinen Cultur zu schliessen.« (II, 236)

Anders jedoch als noch Hegel und Goethe versteht sich Nietzsche nicht als Bestandteil einer harmonischen Gesamtkultur, sondern als ein verzweifeltes Einzelschicksal, das seine Einfügung in den Entwicklungsgang der Kultur erstrebt. Nicht von ungefähr wird der Tonfall Nietzsches mehr und mehr ein persönlicher: »Kommt das Alter, so merkst du erst recht, wie du der Stimme der Natur Gehör gegeben, jener Natur, welche die ganze Welt durch Lust beherrscht: das selbe Leben, welches seine Spitze im Alter hat, hat auch seine Spitze in der Weisheit, in jenem milden Sonnenglanz einer beständigen geistigen Freudigkeit; beiden, dem Alter und der Weisheit, begegnest du auf

Einem Bergrücken des Lebens, so wollte es die Natur. Dann ist es Zeit und kein Anlass zum Zürnen, dass der Nebel des Todes naht. Dem Lichte zu – deine letzte Bewegung; ein Jauchzen der Erkenntniss – dein letzter Laut.« (II, 237)

Die zitierte Passage ist glanzvolle Prosa, schönstes Zeugnis einer herbstlich durchstimmten »Weisheit«, welche das Sich-Neigen der Lebenslinie »gen Abend« und den nahen Tod in einer Weise zueinanderstellt, die an den Erfahrungsbereich Goethescher Verse erinnert: »Wird die Sonne, rötlich scheidend/Rings den Horizont vergolden.«

Das Sechste (»Der Mensch im Verkehr«) und das Siebte Hauptstück (»Weib und Kind«) stehen durch die scharfe Helligkeit ihrer psychologischen Entlarvungskunst ganz in der Tradition der französischen Moralistik; die zahlreichen Aphorismen der genannten Themenkreise bleiben im Hinblick auf die heimlichen Motive der Sozietät des Menschen ganz auf der Höhe dieser Tradition.

Das Achte Hauptstück, »Ein Blick auf den Staat«, zeichnet sich durch eine tief konservative Kritik an der modernen Demokratie und dem Sozialismus aus, dem »jüngeren Bruder des fast abgelebten Despotismus« (II, 307), den Nietzsche hellsichtig auf die Entwicklung eines im 20. Jahrhundert historisch realisierten Staatssozialismus hin auslegt. Im Aphorismus 481, *Grosse Politik und ihre Einbussen,* erteilt Nietzsche aber auch der Bismarck-Ära und dem mit ihr verbundenen Nationalismus eine Absage. Aphorismus 475 ist eine scharfe Kritik des Antisemitismus. Nietzsche ruft in Erinnerung, daß die Welt dem Judentum den »edelsten Menschen« (Jesus), den »reinsten Weisen« (Spinoza) und »das wirkungsvollste Sittengesetz« (den Dekalog) verdankt. Solche kritischen Notizen wie auch zahreiche inhaltlich verwandte sind vor dem Hintergrund der Apologie des freien Geistes geschrieben.

Im Neunten Abschnitt, »Der Mensch mit sich allein«, wird ungeachtet des Titels vorwiegend die gesellschaftliche Lebenssituation des Menschen reflektiert, dabei kehren die Grundthemen der französischen Moralistik, aber auch diejenigen eines Gracian und eines Schopenhauer in mannigfachen Variationen wieder: die Eitelkeit aller menschlichen Dinge, die Torheit des Ruhms und die komischen Mißverständnisse und Selbstmißverständnisse gerade des schöpferischen Menschen. Auch diese Betrachtungen verdichten sich zu einer Apologie des freien Geistes, wenn Nietzsche zu zeigen versteht, unter welchen sozialen Bedingungen sich Überzeugungssysteme bilden oder auflösen. Am Ende steht dann die Gestalt des Wanderers als Figur der von Nietzsche repräsentierten philosophischen »Nomadenexistenz« (G. Deleuze). Ihr ist der Aphorismus 638 gewidmet. Im Motivischen stark mit der Romantik verbunden, ist der Wanderer als die »weltliche Gestalt des christlichen Pilgers« (K. Löwith) selbst eine allegorische Deutung des freien Geistes. Über ihn und seine Weggefährten schreibt Nietzsche die wunderbaren Worte: »Geboren aus den Geheimnissen der Frühe, sinnen sie darüber nach, wie der Tag zwischen dem zehnten und zwölften Glockenschlage ein so reines, durchleuchtetes, verklärt-heiteres Gesicht haben könne: – sie suchen die *Philosophie des Vormittags.*« (II, 363) Dies deutet schon auf den »grossen Mittag«, der Zarathustra das Geheimnis der ewigen Wiederkunft lehrt.

Der zweite Teil von *Menschliches, Allzumenschliches* ist die Fortsetzung jenes Denkweges, auf dem Nietzsche unterwegs ist »zu sich selbst«. Rückblickend heißt es daher in der Vorrede von 1886: »Einsam nunmehr und schlimm misstrauisch *gegen* mich, nahm ich, nicht ohne Ingrimm, dergestalt Partei *gegen* mich und *für* Alles, was gerade *mir* Wehe that und hart fiel: – so fand ich den Weg zu jenem tapferen Pessimismus wieder, der der Gegensatz aller romantischer Verlogenheit ist, und auch, wie mir heute scheinen will, den Weg zu ›mir‹ selbst, zu *meiner* Aufgabe.« (II, 373) Die Aufgabe, von der Nietzsche an dieser Stelle spricht, ist die Überwindung der Krankheit am Leben, an der er selbst in seiner Jugend tief gelitten hat, zu einer neuen »Gesundheit«.

Die erste Abteilung, »Vermischte Meinungen und Sprüche«, knüpft an die antike Spruchweisheit und die Sentenzenkunst Montaignes und Pascals an. Die literarische Form eines Totengesprächs, von Nietzsche auch zur Gestalt eines Geistergesprächs hochstilisiert, reflektiert die von ihrem Autor intendierte Aufhebung eines argumentativen Denkstils in einem spielerischen Typus eines philosophierenden Selbstentwurfs. – Bedeutsam ist vor allem der Aphorismus 408:

»*Die Hadesfahrt.* – Auch ich bin in der Unterwelt gewesen, wie Odysseus, und werde es noch öfter sein; und nicht nur Hammel habe ich geopfert, um mit einigen Todten reden zu können, sondern des eigenen Blutes nicht geschont. Vier Paare waren es, welche sich mir, dem Opfernden nicht versagten: Epikur und Montaigne, Goethe und Spinoza, Plato und Rousseau, Pascal und Schopenhauer. Mit diesen muss ich mich auseinandersetzen, wenn ich lange allein gewandert bin, von ihnen will ich mir Recht und Unrecht geben lassen, ihnen will ich zuhören, wenn sie sich dabei selbst untereinander Recht und Unrecht geben. Was ich auch nur sage, beschliesse, für mich und andere ausdenke: auf jene Acht hefte ich die Augen und sehe die ihrigen auf mich geheftet. – Mögen die Lebenden es mir verzeihen, wenn *sie* mir mitunter wie die Schatten vorkommen, so verblichen und verdriesslich, so unruhig und ach! so lüstern nach Leben: während Jene mir dann so lebendig scheinen, als ob sie nun, *nach* dem Tode, nimmermehr lebensmüde werden könnten. Auf *die ewige Lebendigkeit* aber kommt es an: was ist am ›ewigen Leben‹ und überhaupt am Leben gelegen!« (II, 533 f.)

Das Motiv der Hadesfahrt wird in dieser denkwürdigen Passage von Nietzsche auf das philosophische Erkenntnisgeschehen übertragen. Dieses bleibt bestimmt durch das große Erbe der sokratisch-platonischen Tradition, daß »Wahrheit« nur aus dem Gespräch hervorgeht. Zum Zeitpunkt dieser Niederschrift steht Nietzsche, trotz aller Kritik an der philosophischen Tradition, noch ganz in der Kontinuität des geschichtlichen Wirkungszusammenhangs jener großen Toten, deren Namen er zitiert. Mortui viventes obligant – die Toten verpflichten die Lebenden. Sie verpflichten tiefer, als es die Lebenden je vermögen, zur Rechenschaftabgabe über das eigene Dasein durch die die Jetztzeit überdauernde »Lebendigkeit« ihrer Wirklichkeitsdeutung. Im leisen Einverständnis mit der Welt der großen Toten bleibt das einsame Ich jenem Ring des Lebens verbunden, der die Flamme des Geistes in sich hütet.

Der zweite und letzte Nachtrag zu *Menschliches, Allzumenschliches*, der unter dem Titel »Der Wanderer und sein Schatten« steht, deutet auf den geheimen Zusammenhang der Philosophie des Vormittags mit der des Mittags, in welcher die Gegensätze von Licht und Schatten, Höhe und Tiefe, Ja und Nein in ein übergreifendes Spannungsgefüge integriert werden. Zur Stunde des Mittags, zur Zeit des höchsten Standes der Sonne, überfällt den Wanderer ein ihm bis dahin fremdes Glück: die Erfahrung der »Ewigkeit« im Sinne des mystischen Erlebnisses des »nunc stans«. Nietzsche spielt hier auf die Mitte auch des eigenen Lebens und die sich in ihr überraschend auftuende Nähe zum Tod an, wenn er schreibt: »Es wird still um ihn [den Wanderer], die Stimmen klingen fern und ferner; die Sonne scheint steil auf ihn herab [...]. Er will Nichts, er sorgt sich um Nichts, sein Herz steht still, nur sein Auge lebt, – es ist ein Tod mit wachen Augen. Vieles sieht da der Mensch, was er nie sah, und soweit er sieht, ist Alles in ein Lichtnetz eingesponnen und gleichsam darin begraben. Er fühlt sich glücklich dabei, aber es ist ein schweres, schweres Glück.« (II, 690)

Der im Sommer 1879 geschriebene Text *Am Mittag*, der in der Flüchtigkeit eines Augenblicks eine höchste Vision des Lebens, seinen »Ewigkeitszug«, festhält, liegt noch vor dem entscheidenden pathischen Bedeutungserleben der ewigen Wiederkehr im August des Jahres 1881. Jedoch enthält er bereits entscheidende Hinweise auf eine innere Gestimmtheit Nietzsches für das »Ereignis« am See von Silvaplana.

Morgenröthe. Gedanken über die moralischen Vorurtheile

> »Warum doch gerade in dieser Richtung, dorthin, wo bisher alle Sonnen der Menschheit *untergegangen* sind?«

Auf die Abendröte der Kunst folgt die Morgenröte einer »Philosophie der Zukunft«, deren Aufgabe es ist, die Umwertung aller Werte zu betreiben. Die *Morgenröthe* beginnt diese Aufgabe mittels einer »Arbeit der Tiefe«, welche die analytische Leistung der Nietzscheschen Moralkritik, das »Unterirdische« des menschlichen Lebenszusammenhanges freizulegen, mit der Marxschen Kritik der politischen Ökonomie und der Freudschen Archäologie des Subjekts verbindet.

Schon um 1880 hat Nietzsches Denken keinen festen Punkt mehr außerhalb seiner selbst, vielmehr versteht es sich als ein fortgesetzter Prozeß der interpretativen Destruktion, wie folgende Aussage Nietzsches dokumentiert: »[...] ich begann unser *Vertrauen zur Moral* zu untergraben.« (III, 12) Eine kritische Prüfung der Fundamente der Kultur muss den Glauben an »die Moral« auf seine Legitimation hin befragen. Ist die Frage nach der Selbstlegitimation moralischer Systeme nicht mehr zu beantworten, so vollzieht sich, wie Nietzsche schreibt, in uns »die Selbstaufhebung der Moral« (III, 16).

Wie sehr Nietzsche auch noch zu dieser Zeit die entscheidenden Impulse aus der Philosophie des großen Lehrers seiner Jugend, Arthur Schopenhauer, weiterdenkt, zeigen seine Reflexionen über das grundlegende Verhältnis von Erkennen und Handeln. In der antiken und christlichen Tradition kommt dem Denken stets der Vorrang vor dem Handeln zu, d.h., in ihr ist alles Handeln primär von Vernunft geleitetes Handeln. Im Gegensatz dazu und in genialem Vorgriff auf die Theorien des 20. Jahrhunderts über das Unbewußte behauptet Nietzsche in der Nachfolge Schopenhauers, daß es sich umgekehrt verhält. Alles Handeln entspringe primär – gleichsam von der Vernunft »unkontrolliert« – unserer tiefsten Triebnatur. Damit nimmt er ein Grundthema der modernen Weltliteratur vorweg: die mangelnde Übereinstimmung von Bewußtsein und Handeln, wie sie in den literarischen Ich-Analysen adäquaten Ausdruck gewinnt. Für Nietzsche besteht infolgedessen der erste und grundlegende Irrtum der Moral darin, es könne so etwas wie »moralische Handlungen« überhaupt geben. Voraussetzung dafür wäre, daß das handelnde Subjekt ein hinreichendes Bewußtsein davon hätte, was denn sein Handeln »im Grunde« sei. Tatsächlich jedoch verhält es sich so, »daß das intellektuelle Bewußtsein einer Handlung und des Wertes, den sie für uns hat, niemals genügt, um sie auszuführen. Mithin kommen bei einer Handlung Faktoren ins Spiel, die nicht Gegenstand unserer Erkenntnis sein können.« (G. Vattimo) Da die Innenwelt des Subjekts für Nietzsche eine »unbekannte Welt« ist, können die ihr entspringenden Handlungsimpulse weder angemessen beurteilt noch erkannt werden. Davon redet auch der Aphorismus 116 aus dem zweiten Buch: »Die Handlungen sind *niemals* Das, als was sie uns erscheinen! Wir haben so viel Mühe gehabt, zu lernen, dass die äusseren Dinge nicht so sind, wie sie uns erscheinen, – nun wohlan! mit der inneren Welt steht es ebenso! Die moralischen Handlungen sind in Wahrheit ›etwas Anderes‹, – mehr können wir nicht sagen: und alle Handlungen sind wesentlich unbekannt.« (III, 109)

Spielen in die Handlungen eines Menschen Antriebe hinein, die jenseits der Kontrolle seines vernünftigen Bewußtseins liegen, so gilt es, wie Nietzsche im Vorgriff auf die Psychoanalyse Sigmund Freuds schreibt, einzusehen, »dass all unser sogenanntes Bewusstsein ein mehr oder weniger phantastischer Commentar über einen ungewussten, vielleicht unwissbaren, aber gefühlten Text ist« (III, 113). Deshalb leugnet Nietzsche die Erkennbarkeit der *moralischen* Natur von Handlungen und lehnt die These von der Willensfreiheit des Subjekts ab. Hat die klassische deutsche Philosophie (Kant und Hegel) den Gegensatz von Freiheit und Notwendigkeit zum Ausgangspunkt ihrer Philosophie der Freiheit erhoben, so baut Nietzsches naturalistische Moraltheorie diese Antithese zu der von Notwendigkeit (»Reich der Zwecke«) und Zufall (»Reich der Zufälle«) ab. Während für nahezu die gesamte europäische Tradition in ihrer Prägung durch das Christentum »das Innere« der Sitz der metaphysischen und moralischen Gewißheiten gewesen ist, vollzieht sich bei Nietzsche die intellektuelle Tragödie, daß das Subjekt als der tragende Boden philosophischer Konstruktion verlorengeht.

Als Kontrastbild zur christlichen Existenz, die Nietzsche als psychopathologisches Phänomen interpretiert, erscheint in der *Morgenröthe* die Figur des antiken Weisen in ihren stoischen wie auch epikureischen Varianten. Der Zurückweisung eines extrem gewordenen Christentums entspricht das Lob der »vita contemplativa«. Gegen das Pathos christlicher Leidenschaft wird das leidarme Glück des Erkennenden gesetzt. Dem korrespondiert auch die positive Akzentuierung der Idee der Selbsterlösung im Buddhismus und Brahmanismus. Der in den Augen Nietzsches mißlungenen Erlösung des Menschen durch das Christentum wird sodann die Gestalt des Seelenarztes gegenübergestellt, der sich freilich statt mit einer absoluten lediglich mit einer relativen Linderung menschlichen Leidens zufriedengeben muß. Im Gegensatz zur christlichen Tradition kann Nietzsche den Wahrheitsbeweis des Glaubens durch den existentiellen Vollzug nicht akzeptieren, und dies um so weniger, als er jeden *religiösen* Wahrheitsbegriff nur mehr geschichtlich versteht bzw. ihn der »historischen Schule« der Wissenschaft anheimgibt.

In seiner bedeutenden Studie *Die Leidenschaft der Erkenntnis. Philosophie und ästhetische Lebensgestaltung bei Nietzsche von »Morgenröthe« bis »Also sprach Zarathustra«* hat M. Brusotti darauf hingewiesen, daß eine leitende Intention Nietzsches darin liegt, die Belastung des Menschen durch den Druck der Forderungen einer illusionären christlichen Moral und Religion zu brechen. Im Programm einer Überwindung der Furcht ist Nietzsche der Philosophie der Aufklärung seit der griechischen Antike verpflichtet. Gleichwohl wird seine ambivalente Einstellung zur christlichen Überlieferung nicht nur daran ersichtlich, daß er als einer der ersten das religiöse Genie eines Pascal zu erkennen vermochte, sondern auch daran, daß er den priesterlichen Habitus des Katholizismus in der edelsten Gestaltung des Menschentums gegenüber den Vermassungs- und Verflachungserscheinungen einer geistlosen Gesellschaft gerühmt hat, wohl aus einer geheimen Wahlverwandtschaft mit seiner eigenen aristokratisch gesinnten Geistigkeit heraus.

Hält Nietzsche der alten Welt insgesamt zugute, sie habe geformte, in sich ruhende menschliche Typen hervorgebracht, so wirft er dem Bildungsgedanken seiner Zeit um so nachdrücklicher vor, durch ein Übermaß von geschichtlichem Wissen und eine bloß äußerliche Nachbildung antiker Gesinnung und Gesittung die Gebrochenheit moderner Kultur weniger korrigiert als fortgeführt zu haben. Indem Nietzsche die Geformtheit des griechischen Menschen mit dem dissoziierten Erscheinungsbild des Menschen in der Moderne kontrastiert, nimmt er Schillers Unterscheidung von naiver und sentimentalischer Dichtung auf und erweitert sie zu einer Kritik am »unglücklichen Bewußtsein« (Hegel). Herauszuheben ist in diesem Zusammenhang eine Denkfigur, die Nietzsche im vierten Buch (Aphorismus 327) entwickelt: den Don Juan der Erkenntnis.

»*Eine Fabel.* – Der Don Juan der Erkenntniss: er ist noch von keinem Philosophen und Dichter entdeckt worden. Ihm fehlt die Liebe zu den Dingen, welche er erkennt, aber er hat Geist, Kitzel und Genuss an Jagd und Intriguen der Erkenntniss – bis an die höchsten und fernsten Sterne der Erkenntniss hinauf! – bis ihm zuletzt Nichts mehr zu erjagen übrig bleibt, als das absolut *Wehethuende* der Erkenntniss, gleich dem Trinker, der am Ende Absinth und Scheidewasser trinkt. So gelüstet es ihn am Ende nach der Hölle, – es ist die letzte Erkenntniss, die ihn *verführt.* Vielleicht, dass auch sie ihn enttäuscht, wie alles Erkannte! Und dann müsste er in alle Ewigkeit stehen bleiben, an die Enttäuschung festgenagelt und selber zum steinernen Gast geworden, mit einem Verlangen nach einer Abendmahlzeit der Erkenntniss, die ihm nie mehr zu Theil wird! – denn die ganze Welt der Dinge hat diesem Hungrigen keinen Bissen mehr zu reichen.« (III, 232)

Wie die Romantik mit dem Unendlichen kokettiert hat, so kokettiert auch Nietzsche in dieser Passage, die in einer bedenkenswerten, ihrem Autor nicht bewußten Gleichzeitigkeit mit den Analysen Kierkegaards zum »Ästhetiker« steht, mit bedeutenden Überlieferungsbestandteilen: mit der Rede der Diotima über den Eros im *Symposion* Platons, mit der Abendmahlsszene im Neuen Testament, mit Pascals »divertissement«, mit Mozarts Oper *Don Giovanni* und ihrer Anverwandlung in Stendhals *De l'amour.* Wie das *Symposion,* ist auch die Abendmahlsszene in gewisser Hinsicht eine Proportion von Verlangen und Erfüllung. Während bei Platon das Streben nach Erkenntnisbesitz wesentlich unerfüllt bleibt, wird doch der Liebend-Erkennende, repräsentiert im Erotiker Sokrates, in immer neue Horizonte der Erkenntnis geführt, bis er zuletzt der Idee des Schönen inne wird. Im Neuen Testament wird im Sakrament des Liebesopfers, d.h. im Abendmahl, der Bruch zwischen Gott und Mensch durch die Stiftung eines neuen Bundes geheilt. Nietzsche bricht mit diesen Traditionen in der Überzeugung, daß das Verlangen nach »Erlösung« durch Erkenntnis ein uneingelöstes Versprechen geblieben ist und weiterhin bleiben wird. Daß der »Trieb zur Erkenntniss«, absolut gesetzt, sein Objekt verliert und damit zugleich sich selbst aufzehrt – diese Einsicht verrät die innere Nähe zur Romantik und ihrer sich ins Bodenlose verlierenden »Ironie«. Von einem »Tragödienausgang der Erkenntniss« hat bereits das erste Buch der *Morgenröthe* gesprochen, jedoch scheint die Möglichkeit eines »Zugrundegehens« der Menschheit an einer exzessiv gewordenen theoretischen Neugierde immer noch einer in Europa sich ausbreitenden Ermattung und Schwäche vorzuziehen sein.

Zentrale Metaphern für die Bewegung seines versuchenden Denkens sind bei Nietzsche die Seefahrt und der Vogelflug. Der exemplarische Aphorismus 574, *Wir Luft-Schifffahrer des Geistes*, am Ende des fünften Buches entwirft ein für Nietzsche typisches Metapherngeflecht, in dem der Flug des Vogels leitmotivisch die unendliche Sehnsucht des nach Erkenntnis strebenden Menschen verkörpert, seine Unruhe, die ihn zuletzt noch auf jede Ankunft verzichten lehrt, es sei denn, die unendliche Fahrt endete in einem fernen »Indien«, das zu suchen anfangs ganz fern lag. Die Sehnsucht, von der hier die Rede ist, ist ein spätes Kind des platonischen Eros, doch trägt es die deutlich spätromantischen Züge eines gescheiterten Aufbruchs in eine Unendlichkeit, die keinen Namen hat. In der kunstvollen Variation des Topos der Unendlichkeit kostet Nietzsche die mit ihm verbundene Perspektive einer unter wechselnder Beleuchtung stehenden Aufbruchstimmung voll aus und setzt so die seine ganze »mittlere Periode« beherrschende Thematik einer Leidenschaft der Erkenntnis glanzvoll ins Werk. In der Bewegung nach Westen, der Indienfahrt, ist auch eine Metapher für den Wiederkunftsgedanken zu sehen, da sich West und Ost, Sonnenuntergang und Sonnenaufgang, Tod und Leben zu einer Kreisfigur zusammenschließen. Auch bei dieser Aufzeichnung bekommt man schon eine Vorahnung der großen Inspiration am See von Silvaplana. Zugleich mehren sich die bangen Fragen, über denen bereits der Schatten des geistigen Zusammenbruchs liegt: »Wollen wir denn *über* das Meer? Wohin reisst uns dieses mächtige Gelüste, das uns mehr gilt als irgend eine Lust? Warum doch gerade in dieser Richtung, dorthin, wo bisher alle Sonnen der Menschheit *untergegangen* sind? Wird man vielleicht uns einstmals nachsagen, dass auch wir, *nach Westen steuernd, ein Indien zu erreichen hofften*, – dass aber unser Loos war, an der Unendlichkeit zu scheitern? Oder, meine Brüder? Oder?« (III, 331)[19]

Die fröhliche Wissenschaft

> »Irren wir nicht wie durch ein unendliches Nichts?«

Die fröhliche Wissenschaft, »Nietzsches gelungenster Versuch philosophischer Mitteilung« (G. Colli), ist eine vertiefte Fortsetzung der *Morgenröthe*. Innerhalb der Schriften Nietzsches nimmt sie eine einzigartige Stellung ein. Aus schwerstem Leid, Krankheit und seelischem Siechtum erhebt sich der Autor zu einer neuen Form von »Gesundheit«. In dieser Schrift kommt er ganz zu sich selbst, beinhaltet sie doch in nahezu ausnahmsloser Vollständigkeit die für sein Philosophieren zentralen Denkfiguren und Sinnbilder, die sein Schaffen fortan begleiten werden.

Hat Nietzsche in der *Geburt der Tragödie* die dionysische Wurzel des Lebens und mit ihr den tragischen Hintergrund der menschlichen Existenz gefeiert, so entscheidet sich *Die fröhliche Wissenschaft* für den Primat der Komödie. Der tragische Rhythmus des Lebens wird von seinem komischen Rhythmus überlagert. Dies hat zur Folge, daß die Grundaussagen aller ethischen und religiösen Systeme dem Ruin anheimfallen. Die eigenartige Komik, die dem menschlichen Leben innewohnt, kompromittiert den absoluten Wahrheitsanspruch in jedweder Form. Gleichwohl kann der Mensch »ohne ein periodisches Zutrauen zu dem Leben« (III, 372) überhaupt nicht leben, d.h., menschliche Existenz ist für Nietzsche stets auf einen illusionären Sinn gestellt.

In der *Fröhlichen Wissenschaft* rückt erneut die Gestalt Epikurs in den Mittelpunkt der Betrachtung, verkörpert sie doch für Nietzsche »das Glück eines Auges, vor dem das Meer des Daseins stille geworden ist, und das nun an seiner Oberfläche und an dieser bunten, zarten, schauernden Meeres-Haut sich nicht mehr satt sehen kann« (III, 411). Hinter diesen Worten steht eine entscheidende »Umwertung«: Entgegen der Hauptlinie der griechischen Philosophie, die sich als Ontologie versteht, ist für Nietzsche der Schein das Primäre. Leben ist Traum und Schein, und wir Menschen sind das Schattenspiel dieses Scheins.

Hervorzuheben ist das dritte Buch, das ganz unter dem thematischen Vorzeichen eines Kampfes gegen den »Schatten« des toten Gottes steht. Für Nietzsches Sichtweise ist es charakteristisch, daß er nicht zuletzt aufgrund einer persönlich vertieften Erfahrung der Nichtnachvollziehbarkeit des christlichen Glaubens den Wahrheitsanspruch der Religion nur noch historisch zu interpretieren weiß. Das aber heißt, daß er die Religion selbst als eine lediglich geschichtliche Größe zu sehen vermag. Wenn es so etwas wie religiös erfüllte Zeiten überhaupt gegeben hat, so sind – nach Nietzsche – die Heutigen durch einen Abgrund von ihnen getrennt. Die de facto gewordene Entzauberung der religiösen Illusion schließt daher die Erkenntnis ein, daß das Innewerden der Tatsache, daß der Glaube an Gott verlorengegangen ist, sich in seinen Folgen für die Gegenwart und Zukunft stets noch entfaltet. Zwar mögen Ritus und Mythos in ihren äußeren Formen weiterhin zelebriert und tradiert werden, die hinter ihnen stehende Instanz verbindlicher Sinnstiftung ist indessen längst verblaßt. Die erstmals im Aphorismus 108 benutzte Formel »Gott ist todt« erfährt ihre klassische Durchführung im Aphorismus 125, »Der tolle Mensch«. Die Botschaft des »tollen Menschen«, daß Gott tot sei, muß insofern aber noch in die Geschichte der Metaphysik selbst einbezogen werden, als ihre Metaphorik – »Sonne«, »Horizont«, »Meer« – im Sinne einer negativen Dialektik auf grundlegende Bild- und Begriffsbestimmungen vor allem der platonischen Philosophie zurückgeht. Beim Aphorismus 125 ist es empfehlenswert, im Rahmen einer Hermeneutik von Frage und Antwort auf seine literarische Gestalt als Parabel zu reflektieren. Die Botschaft von der Tat der Tötung Gottes ist in ihrer offenkundigen Paradoxie als »mythische« Aussage zu werten: Sie ist apodiktisch in der Verweigerung aller Begründung, und sie ist irreal, da es dem unsterblichen Sein Gottes widerspricht, durch ein sterbliches Wesen getötet werden zu können. Ist diese Botschaft im Sinne der Konstatierung eines geschichtlichen Ereignisses von größter Relevanz zu verstehen, so ist die Situation, die *nach* dem Tod Gottes eintritt, von äußerster Zweideutigkeit, da sie eine »Rechtfertigung« von Mensch und Welt unter erschwerten Bedingungen erfordert. Denn wenn nicht allein der christliche Gott, auf den sich die Parabel in erster Hinsicht bezieht, sondern zugleich der »Gott der Philosophen« (Pascal), also das Ordnungsaxiom und der Garant des Seinshorizontes der Metaphysik, hinfällig geworden ist, dann droht das gesamte Gefüge der Moral wie auch der politischen und sozialen Verhältnisse auseinanderzubrechen. Dies hat Nietzsche sehr wohl gewußt; er hat in der These »Gott ist todt« der Erfahrung des Nihilismus ihren zugespitzten Ausdruck verliehen. Sein ganzes weiteres Denken kreist zentral um die Frage, wie die moderne »Verdüsterung« durch den Verlust des höchsten Wertzentrums, »Gott«, überhaupt zu kompensieren sei, etwa in der gesteigerten Kraft einer ungeheuren Entsagung. Als Beispiel hierfür kann der Aphorismus 285, »Excelsior«, aus dem vierten Buch stehen. Nachdem der erste Abschnitt einen verdeckten Wink hinsichtlich der ewigen Wiederkehr gebracht hat – »du willst die ewige Wiederkunft von Krieg und Frieden« (III, 528) –, faßt der zweite Abschnitt die Situation des Menschen im Bild eines Sees, der höher steigt, da er es sich versagt abzufließen. Der Sinn dieser Allegorese ist, daß der Mensch eine Steigerung seines »Wertes« erlangen kann, insofern er es sich versagt, in einen »Gott« gleichsam »auszufließen«. Die hypothetische Form der Gedankenführung ist hier beachtenswert: Da bislang noch niemand die Kraft zu einer solchen Entsagung aufgebracht hat, muß der Gedanke der Wertsteigerung als Hinweis auf den Übermenschen, auf eine dem Menschen noch bevorstehende Möglichkeit seines Menschseins verstanden werden. Dadurch aber, daß es nicht sicher ist, ob der »Damm« hält, von dem der Aphorismus spricht, wird die prekäre Balance zwischen Schrecken und Verheißung mehr als deutlich.

Innerhalb der *Fröhlichen Wissenschaft* nimmt dann das vierte Buch, »Sanctus Januarius«, eine besonders herausragende Position ein, hat in ihm doch Nietzsche seinen lange zurückgehaltenen Gedanken der ewigen Wiederkehr ausgesprochen, mit dem – wie es dann im 1886 verfaßten fünften und letzten Buch heißt – »*der grosse Ernst* erst anhebt, das eigentliche Fragezeichen erst gesetzt wird, das Schicksal der Seele sich wendet, der Zeiger rückt, die Tragödie *beginnt*« (III, 637).

Unter dem Stichwort »Das grösste Schwergewicht« hat Nietzsche im »Sanctus Januarius« den Gedanken der ewigen Wiederkunft einem »Dämon« in den Mund gelegt. An seiner unheimlichen Rede entscheidet sich, was es mit dem menschlichen Dasein im Ganzen der Welt auf sich hat:

»*Das grösste Schwergewicht.* – Wie, wenn dir eines Tages oder Nachts, ein Dämon in deine einsamste Einsamkeit nachschliche und dir sagte: ›Dieses Leben, wie du es jetzt lebst und gelebt hast, wirst du noch einmal und noch unzählige Male leben müssen; und es wird nichts Neues daran sein, sondern jeder Schmerz und jede Lust und jeder Gedanke und Seufzer und alles unsäglich Kleine und Grosse deines Lebens muss dir wiederkommen, und Alles in der selben Reihe und Folge [...]. Die ewige Sanduhr des Daseins wird immer wieder umgedreht – und du mit ihr, Stäubchen vom Staube!‹ – Würdest du dich nicht niederwerfen und mit den Zähnen knirschen und den Dämon verfluchen, der so redete?« (III, 570)

Biographischer Hintergrund dieses Textes ist jener Gedanke, den Nietzsche im August 1881 am See von Silvaplana als einen »ungeheuren Augenblick« erlebte: »6000 Fuss über dem Meere und viel höher über allen menschlichen Dingen!« (IX, 494) Auf ihn verweist ein Brief Nietzsches an Köselitz vom 25. Januar 1882 über seine Arbeit an der *Morgenröthe*, in dem es unvermittelt heißt: »Ein Gedanke ist darunter, der in der That ›Jahrtausende‹ braucht, um etwas zu werden. Woher nehme ich den Muth, ihn auszusprechen?« (Briefe VI, 159)

Wie schon in der Parabel »Der tolle Mensch« ist auch die Mitteilung des »Dämons« eine »mythische« Aussage, die weder in Frage gestellt noch begründet wird. Die literarische Gestaltgebung dieser »Einflüsterung« besitzt jedoch eine »innere Vorge-

Parabel !?

schichte«. So schreibt Nietzsche am 14. August 1881 an Köselitz: »An meinem Horizont sind Gedanken aufgetaucht, dergleichen ich noch nie *gesehen* habe.« (Briefe VI, 112) Die Wendung vom *Sehen* des Gedankens läßt auf ein mystisches Bedeutungserlebnis der ewigen Wiederkunft schließen. (In seinem Charakter könnte man es als eine Parallele zum Damaskus-Erlebnis des Paulus interpretieren.) Die kosmische Projektion dieses als Vision erfahrenen Gedankens belegt darüber hinaus die Gefahr des Distanz- und Kontrollverlusts, in der sich Nietzsches Existenz fortan bewegen sollte. Nicht umsonst haben die Zeitgenossen mit äußerstem Befremden auf die Mitteilung Nietzsches von seiner Vision reagiert.

Der »ungeheure Augenblick«, von dem Nietzsche spricht, läßt Verzweiflung am Leben und der Welt in vorbehaltlose Bejahung umschlagen. Die im zitierten Text sich öffnende Alternative von Verzweiflung und Bejahung wird in rhetorischer Frageform aufgelöst: »Oder wie müsstest du dir selber und dem Leben gut werden, um nach Nichts *mehr zu verlangen,* als nach dieser letzten ewigen Bestätigung und Besiegelung?« (III, 570) Entscheidendes Kriterium dieser »Besiegelung« ist die orgiastische Einswerdung von Ich und Welt im Ring eines Seins, in dem nirgends Anfang ist und nirgends Ende. Der seelische Ursprung und Wahrheitsgrund der primär mystischen Erfahrung einer Seinsgegenwart, in der alle Differenz gelöscht ist, stehen völlig fremd in der modernen Menschenwelt. Sie sind jedoch in der Geschichte der religiösen Ideen und der sich auf sie beziehenden Religionspsychologie reichlich bezeugt. Die Energie eines ungeheuren Verlangens nach Dauer – wie erklärt sie sich anders als durch das ebenso ungeheure Leiden an der Sterblichkeit aller menschlichen Dinge, ihrem ständigen Dahinschwinden in Raum und Zeit, ihrem endgültigen Nie-mehr-Sein? Solange es den Tod gibt, kann das Dasein weder selbst noch der Welt je »gut werden«. Die Vision einer ewigen Gegenwärtigkeit hingegen ist die Vision eines Seins, in dem – wie es bei dem großen frühgriechischen Denker Parmenides heißt – »Werden ausgelöscht [ist] und verschollen Untergang«. In diesem Sein endet jeder Untergang, findet sich alles Getrennte wieder: »[...] ewig bleibt sich treu der Ring des Seins.« (IV, 273)

Die Schlußstelle des vierten Buches (Aphorismus 342) verweist bereits auf Zarathustra, den Prediger der ewigen Wiederkunft. Dieser wird als ein Weiser eingeführt, der für zehn Jahre die Nähe der Menschen gemieden und sich ins Gebirge zurückgezogen hatte, von dem er nun herabsteigt, um seine Lehre zu verkündigen. Wie die Sonne, an die Zarathustra sich bei seinem Aufbruch in die Menschenwelt wie an ein lebendes Wesen wendet, muß auch er Fülle und Glanz verschwenden, um zuletzt noch durch sie unterzugehen. Diese Passage ist dann als Vorrede wörtlich in den Zarathustra-Text übernommen worden.

In dem einleitenden Aphorismus des fünften Buches, »Was es mit unserer Heiterkeit auf sich hat«, reflektiert Nietzsche über die durch den Tod Gottes neu eröffnete Situation des Denkens: »In der That, wir Philosophen und ›freie Geister‹ fühlen uns bei der Nachricht, dass der ›alte Gott todt‹ ist, wie von einer neuen Morgenröthe angestrahlt; unser Herz strömt dabei über von Dankbarkeit, Erstaunen, Ahnung, Erwartung, – endlich erscheint uns der Horizont wieder frei, gesetzt selbst, dass er nicht hell ist, endlich dürfen unsre Schiffe wieder auslaufen, auf jede Gefahr hin auslaufen, jedes Wagniss des Erkennenden ist wieder erlaubt, das Meer, *unser* Meer liegt wieder offen da, vielleicht gab es niemals ein so ›offenes Meer‹.« (III, 574)

Der Heroismus von Nietzsches Lebensstil dokumentiert sich besonders rein in dieser Passage. Er gehorcht der alten Losung: navigare necesse est, vivere non (Seefahrt ist notwendig, Leben nicht.) Zudem wird der Dynamismus von Nietzsches Denken in dieser Textpartie durch ein Symbol beschrieben: die Ausfahrt aus dem Hafen, das sich zu dem herrlichen Bild des offenen Meeres unter dunklem Horizont erweitert. Hinter ihr steht die berühmte Formel Pascals: »vous êtes embarqués«

Steht zu Beginn des fünften Buchs der vom Licht einer neuen »Morgenröthe« beglänzte Aufbruch in einen offenen Horizont, so schlägt diese Euphorie am Ende des Buchs um in die Stimmung des »grossen Ernstes«, über den bereits die Tragödie eines Untergangs ihren Schatten legt, »das Schicksal der Seele sich wendet, der Zeiger rückt, die Tragödie beginnt« (III, 637). Im Anhang, den Liedern des »Prinzen Vogelfrei«, findet sich das Gedicht *Sils-Maria*:

»Hier sass ich, wartend, wartend, – doch auf Nichts,
Jenseits von Gut und Böse, bald des Lichts
Geniessend, bald des Schattens, ganz nur Spiel,
Ganz See, ganz Mittag, ganz Zeit ohne Ziel.

Da, plötzlich, Freundin! wurde Eins zu Zwei –
– Und Zarathustra gieng an mir vorbei ...«
(III, 649)

Das Gedicht beschwört die Ankunft der Zarathustra-Figur in der Zeitentrücktheit einer ekstatischen Einswerdung der Seele mit der vollkommen ganz gewordenen Welt um die Stunde von »Mittag und Ewigkeit«. In einer »Zeit ohne Ziel« ereignet sich die traumhafte Selbstbegegnung des lyrischen Ich mit seinem Doppelgänger, dem Zarathustra-Ich. In dieser Begegnung, die die mystische Einswerdung von Ich und Welt durch das Vorbeigehen Zarathustras als Spaltungserlebnis in Bewegung bringt, liegt die Keimzelle der Zarathustra-Dichtung. Jedoch läßt sich die höchste Schönheit, die den Namen »Zarathustra« trägt, nicht halten. Sichtbar ist sie nur im Augenblick ihres Vorbeigehens. »Zarathustra« geht am Ich vorbei und läßt es hinter sich zurück.

Die Philosophie des Mittags

»Die Sonne der Erkenntniß steht wieder einmal im Mittag: und geringelt liegt die Schlange der Ewigkeit in ihrem Lichte – – es ist *eure* Zeit, ihr Mittagsbrüder!« (IX, 519), so lautet eine Aufzeichnung Nietzsches aus dem Jahr 1881. Sie verweist auf sein Denken um »Mittag und Ewigkeit«, welches das Denken des »freien Geistes« auf die Zarathustra-Dichtung hin überschreitet. In diesem literarischen Kunstwerk, empfangen aus der großen Inspiration über die ewige Wiederkehr, kommen alle entscheidenden Grundgedanken Nietzsches in Gleichnisreden und Bildern von oft rätselhafter Schönheit ganz zu sich selbst, d.h. zu der ihnen wesenhaften inneren Wahrheit. Nötig erscheint es im Hinblick auf seine Interpretation, eine Ahnung zu wecken für die *Tragödie*, die Nietzsche in der Rätselfigur dieses seltsamen Buches verborgen hat: der Lehrer der ewigen Wiederkunft sein zu *müssen* und zu einem solchen nur werden zu *können* im Untergang, in dem es mit Zarathustra, dem Verkünder der »Lehre«, zu Ende geht.

Also sprach Zarathustra. Ein Buch für Alle und Keinen

> »Und plötzlich werden Eins zu Zwei
> Und Zarathustra gieng an mir vorbei.«
> *Nachgelassene Fragmente,*
> 1882-1883

Der in der »Wildnis bitterster Seelennöte« entstandene *Zarathustra* wird als Ausdruck eines in der philosophischen Literatur bislang »Unsagbaren« zum »Attentat« auf die gesamte abendländische Philosophie. Nietzsches Zweifel an der Moral als der zurechtlegenden Auslegung des menschlichen Daseins in der

Welt und an der Wahrheit der christlichen Überlieferung kommen in den Gleichnisreden des *Zarathustra* zu einem entscheidenden vorläufigen Abschluß. Die »dionysische Sprache« (F. Kaulbach), die Nietzsche im *Zarathustra* spricht und die sich deutlich von der begrifflich scharfen Sprache seiner »positivistischen« Phase der entlarvenden Kritik unterscheidet, erreicht in der Magie ihrer Bildbewegungen einen zuweilen vollkommenen, musikalischen Ausdruck. »Man darf«, schreibt Nietzsche im *Ecce homo,* »vielleicht den ganzen Zarathustra unter die Musik rechnen« (VI, 335). Die Namensgebung des Werks erklärt sich dahingehend, daß Nietzsche in der Metamorphose der altpersischen Zarathustrafigur eine Umkehrung der Geschichte – die »Selbstüberwindung der Moral« – erfindet. Zarathustra, der einst den verhängnisvollen Irrtum, den der Moral, geschaffen hat, ist auch der erste, der ihn erkennt. Demgemäß heißt es im *Ecce homo:* »Die Selbstüberwindung der Moral aus Wahrhaftigkeit, die Selbstüberwindung des Moralisten in seinen Gegensatz – in *mich* – das bedeutet in meinem Munde der Name Zarathustra.« (VI, 367)

Zarathustra ist aber nicht nur der Umwerter der Werte in die Optik des Lebens, er ist vor allem der »erste und eigentliche Denker des Gedankens von der ewigen Wiederkunft des Gleichen« (M. Heidegger). Die begründende Ausgangssituation des *Zarathustra* und das zentrale Thema seines Ersten Teils ist der Tod Gottes, d.h. die ungeheure Situation, die sich nach dem Wegfall aller theologisch verbürgten Antworten, aller teleologischen Sinngebung des Lebens auf eine höchste Güte, Gerechtigkeit und Weisheit hin ergibt, so daß nunmehr alles »Schwergewicht« aus den Dingen gewichen ist. Der ganze göttliche Horizont ist weggewischt, auf den hin die Menschen seit zwei Jahrtausenden ihr Dasein ausgelegt haben, und der Glanz aller jenseitigen Sonnen ist untergegangen in einer »Sonnenfinsternis«, wie es sie auf

Erden noch nie gegeben hat. Der Tod Gottes erfordert eine Überwindung dessen, was bisher unter »Mensch« verstanden wurde, auf das hin, was Nietzsche mit dem »Übermenschen« bezeichnet. Weil der christliche Gott fast zwei Jahrtausende lang der Zweck und Sinn von Mensch und Welt gewesen ist, ergibt sich als Folge seines Tods der Nihilismus, der besagt, daß Mensch und Welt ohne Sinn und Zweck sind: »Unheimlich ist das menschliche Dasein und immer noch ohne Sinn: ein Possenreisser kann ihm zum Verhängniss werden.« (IV, 23)

Ist der Tod Gottes der erste und grundlegende Hauptsatz der Vorrede des *Zarathustra*, so lautet der zweite von Nietzsche hervorgehobene Hauptsatz nach dem Tod Gottes: »Ich lehre euch den Übermenschen« – im Sinne einer Überwindung dessen, was bisher unter dem Menschen verstanden worden ist. So heißt es in einer Nachlaßnotiz zum *Zarathustra:* »Ich will die Menschen den Sinn ihres Lebens lehren: welches ist der Übermensch.« (X, 225)

Der Name des Übermenschen steht bei Nietzsche für jenes Dasein, das die Nacht der Gottesfinsternis zur Sonne macht. Anders formuliert: »Die Lehre vom Übermenschen ist die Voraussetzung für die Lehre von der ewigen Wiederkehr, weil nur der Mensch, der sich selber überwunden hat, auch die ewige Wiederkehr alles Seienden wollen kann.« Als eine »philosophische Konzeption zur Überwindung des Nihilismus« (K. Löwith) bezeichnet diese Lehre über ihre sozialen und politischen Sinngehalte hinaus jene menschliche und zugleich übermenschliche Daseinsform, die jenseits von »Sinn« und »Unsinn« zu leben vermag. Als der »Besieger Gottes und des Nichts« ist der Übermensch die große »Rechtfertigung des Daseins« (M. Montinari). Nach dem Wegfall der die menschliche Existenz bestimmenden und sie verpflichtenden Gottesidee wird der Mensch zu jenem Wesen, das – auf sich selbst zurückgeworfen – erst noch darüber zu befinden hat, was es sein kann: der »Übermensch« als der siegreiche Überwinder Gottes und des Nichts oder aber der »letzte« Mensch, der nicht mehr nach einer Überhöhung seines Daseins fragt und sich nur mehr mit dem »Glück« einer technisch bestimmten Daseinsfürsorge begnügt.

Als Gegenbild zur weltgeschichtlichen Zielprojektion des Übermenschen ist der christlich-demokratisch-sozialistische »letzte Mensch« für Nietzsche die Nivellierung des Menschseins und zugleich die pessimistische, heute weitgehend Wirklichkeit gewordene Vision, daß die Menschheit am Ende des von Max Weber diagnostizierten abendländischen Rationalisierungsprozesses den Status einer geschickten Tierrasse erreicht, in deren »großem Ameisenhaufen« jeder Gedanke an eine Selbstüberwindung des Menschen erlischt: »›Was ist Liebe? Was ist Schöpfung? Was ist Sehnsucht? Was ist Stern?‹ – so fragt der letzte Mensch und blinzelt. [...] Kein Hirt und eine Heerde! Jeder will das Gleiche, Jeder ist gleich: wer anders fühlt, geht freiwillig in's Irrenhaus. [...] ›Wir haben das Glück erfunden‹ – sagen die letzten Menschen und blinzeln.« (IV, 19 f.)

»Bleibt der Erde treu« ist der dritte Hauptsatz der Vorrede. Er ist das aus dem Tod Gottes und der Überwindung des Menschen zum Übermenschen zu verstehende Postulat einer rein welthaften Existenz. Er meint zugleich auch die von Nietzsche geforderte Abkehr von allen illusionären Hinterwelten und die Entscheidung für die karge Erde Ithakas als unserer ersten und letzten Liebe.

Die drei Hauptsätze der Vorrede sind die innere Bedingung für die dann in der ersten Gleichnisrede Zarathustras explizierte Dreistadienlehre (»Von den drei Verwandlungen«): »Drei Verwandlungen nenne ich euch des Geistes: wie der Geist zum Kamele wird, und zum Löwen das Kamel, und zum Kinde zuletzt der Löwe.« (IV, 29)

Das Stadium des Geistes, für welches das Bild des Kamels steht, ist jenes idealistische Stadium, in dem der Mensch in Gehorsam sein Leben dem theologischen Absolutismus des moralischen Gebotes »Du sollst« unterwirft. »›Du sollst‹ klingt den Meisten angenehmer als ›ich will‹: in ihren Ohren sitzt immer noch der Heerden-Instinkt.« (X, 101)

Der Idealismus, der in der Selbstaufhebung der Moral durch die »letzte Tugend« der Wahrhaftigkeit zuletzt an sich selbst zugrunde geht, wendet sich als »Löwe« gegen sich selbst, gegen den ihn beherrschenden tausendjährigen »großen Drachen« des »Du sollst«, und schafft sich in der Überwindung seiner Unfreiheit die Freiheit seines »Ich will«. Aber die Freiheit dieses »Ich will«, die das existentialistische Stadium des Menschen in der Revolte zu bestimmen scheint, konstituiert sich immer noch von dem her, was sie verneint: Moral, Metaphysik, Religion. Erst wenn alle metaphysischen Wertschätzungen des Daseins aufgegeben worden sind, erst wenn mit der »Vernunft von Jahrtausenden« gebrochen worden und damit die Herrschaft des mit Vernunft verbundenen »Wahnsinns« in uns an ihr Ende gekommen ist, erst dann ist das dritte und letzte Stadium des zu sich selbst kommenden und befreiten Geistes erreicht: die Unschuld des Werdens, von Nietzsche im Bild des Kindes festgehalten, die Rückgewinnung eines nach dem »Sündenfall« des Geistes – der moralischen Interpretation von Welt und Mensch – verlorenen, ursprünglichen und seligen Naturzustandes höchster Lebensbejahung jenseits von Gut und Böse.

Die drei Stadien des Geistes entsprechen in ihrer geschichtsphilosophischen Konzeption Vergangenheit, Gegenwart und Zukunft. Steht die Vergangenheit unter der Herrschaft der Moral, dem imperativen Diktum ihres »Du sollst«, so die Gegenwart unter der Anstrengung des »Ich will«, die aus einer gottlos gewordenen Welt den Prozeß der Selbstbehauptung des auf sich gestellten

Menschen ableitet. Am Ende dieses Prozesses steht die Utopie der zu sich selbst befreiten Freiheit als die wiedergewonnene »Unschuld des Werdens« »im Horizont der dionysischen Seins- und Sinngesinnung« (F. Kaulbach). Dementsprechend schließt der Erste Teil des *Zarathustra* mit den Worten: »*Todt sind alle Götter: nun wollen wir, dass der Übermensch lebe.* – diess sei einst am grossen Mittage unser letzter Wille! – Also sprach Zarathustra.« (IV, 102) Der »grosse Mittag« symbolisiert die Zeit, »da der Mensch auf der Mitte seiner Bahn steht zwischen Thier und Übermensch« (IV, 102).

Ist der Tod Gottes der Leitgedanke des Ersten Teils des *Zarathustra*, so ist die »Lehre« vom Willen zur Macht derjenige des Zweiten Teils. Im zentralen Kapitel »Von der Selbst-Überwindung« verbindet Nietzsche die Lehre vom Willen zur Macht mit dem Gedanken der notwendigen Selbstüberwindung des Lebens: »Wo ich Lebendiges fand, da fand ich Willen zur Macht [...]. Und diess Geheimnis redete das Leben selber zu mir. ›Siehe, sprach es, ich bin das, *was sich immer selber überwinden muss*‹.« (IV, 147 f.)

Für Nietzsche ist die Konkretion des Willens zur Macht jener agonale Geschehenszusammenhang, den wir Leben nennen. Das heißt: Wille zur Macht bezeichnet die Art, in der alles Wirkliche »ist«, nämlich als »dynamisch geeinte Vielheit« (J. Salaquarda). Innerhalb dieser ist das Denken als identische Setzung Schein, nur eine von vielen Perspektiven des Willens zur Macht. Wenn bei Nietzsche von diesem die Rede ist, dann immer im Sinne vielfacher Antriebe, denen kein identischer Urgrund ontologisch hypostasiert wird (darin unterscheidet sich Nietzsches Wille zur Macht von Schopenhauers »Willen«, der noch eine metaphysische Entität ist). »Nietzsches Philosophieren schließt die Frage nach dem Grund des Seienden im Sinne überlieferter Metaphysik als eine für das wirkliche Geschehen relevante Frage aus.« (W.

Müller-Lauter) Was auf dem Gipfel der Metaphysik einst »Wahrheit« hieß, wird nunmehr auf eine abgründige Notwendigkeit im »Schein« zurückgeführt, dem das menschliche Dasein bewußtlos unterworfen bleibt, weil es in dessen dionysischer Unmittelbarkeit gründet. So liest man im *Nachlaß der achtziger Jahre:* »Schein wie ich es verstehe, ist die wirkliche und einzige Realität der Dinge [...]. Ein bestimmter Name für diese Realität wäre der ›Wille zur Macht‹, nämlich von Innen her bezeichnet und nicht von seiner unfaßbaren flüssigen Proteus-Natur aus.« (XI, 654)

Wille zur Macht, das ist primär die Aktualisierung des in allem Lebendigen liegenden Vermögens der Selbstüberwindung des Willens zur vollkommensten Weise seines Wollens: zur Macht. Wenn nun der Wille zur Macht als »Kampf-Spiel« der Kräfte jener Grundzug des Lebens ist, der in allen diskontinuierlichen Machtquanten nur immer sich selbst als Macht will, dann ist der Wille selbst ein Kreisgeschehen. Wie nun der Bezug von Wille zur Macht und Zeit – nach der Eliminierung aller teleologischen Gehalte – zu denken ist, das heißt: wie die Umkehrung des »Ich will« des »Löwen« zum »heiligen Ja-Sagen« des »Ich bin« des »Kindes« gedacht werden muß, das ist dann das Grundproblem des Dritten Teils des *Zarathustra* und zugleich der Höhepunkt des ganzen Werks.

Der Dritte Teil des *Zarathustra* – »das Herzstück des Werkes« (E. Fink) – ist um den Grundgedanken der ewigen Wiederkehr des Gleichen zentriert. Als Nietzsches »abgründigster Gedanke« »wie eine Abendsonne über der letzten Katastrophe aufleuchtend« (X, 151), verleiht er seinem Denken jene »unbeschreibliche Atmosphäre der Fremdheit« (E. Rohde), die nicht nur die Zeitgenossen irritierte. In seinem Nachwort zum *Zarathustra* schreibt Giorgio Colli in bezug auf Nietzsches »große mystische Erfahrung«:

»Als Wurzel der Vision von der ewigen Wiederkunft suche man weniger das Nachklingen doxographischer Berichte über eine alte pythagoreische Lehre oder wissenschaftliche Hypothesen des 19. Jahrhunderts als vielmehr das Wiederauftauchen kulminierender Momente der vorsokratischen Spekulation, die auf eine Unmittelbarkeit hingewiesen haben, die in der Zeit wieder auffindbar ist, jedoch aus ihr hinausführt und so ihre nicht umkehrbare Eingleisigkeit aufhebt. Wenn man zurückgeht bis zu diesem nicht mehr Darstellbaren, so läßt sich nur sagen, daß das Unmittelbare außerhalb der Zeit – die ›Gegenwart‹ des Parmenides und das ›Aion‹ des Heraklit – in das Gewebe der Zeit eingeflochten ist, so daß in dem, was vorher oder nachher wirklich erscheint, jedes Vorher ein Nachher und jedes Nachher ein Vorher ist und jeder Augenblick ein Anfang.«

In Nietzsches Versuch, Zeit und Ewigkeit zusammenzudenken, ist Zeit »die Totalitätsform all dessen, was ist und wird, [...] die Bewegungsweise der Welt selbst. Im dritten Teil des *Zarathustra* geschieht eine Überschreitung der im ersten und zweiten Teil vorherrschenden Sicht auf das menschliche Leben in Richtung auf die Totalität der Welt.« (J. Stambough)

Die Grundkonzeption des *Zarathustra*, der Gedanke der ewigen Wiederkunft, »diese höchste Formel der Bejahung, die überhaupt erreicht werden kann –, gehört in den August des Jahres 1881: er ist auf ein Blatt hingeworfen, mit der Unterschrift: ›6000 Fuß jenseits von Mensch und Zeit‹« (Ecce homo, VI, 335). Im Kapitel »Vom Gesicht und Rätsel« wird der Gedanke der ewigen Wiederkehr durch das mitternächtliche Traumrätsel vom Torweg verdeutlicht.

»›Halt! Zwerg! sprach ich. Ich! Oder du! Ich aber bin der Stärkere von uns Beiden –: du kennst meinen abgründlichen Gedanken nicht! *Den* - könntest du nicht tragen!‹ – Da geschah, was mich leichter machte: denn der Zwerg sprang mir von der Schulter, der Neugierige! Und er hockte sich auf einen Stein vor mich hin. Es war aber gerade da ein Thorweg, wo wir hielten.

›Siehe diesen Thorweg! Zwerg! sprach ich weiter: der hat zwei Gesichter. Zwei Wege kommen hier zusammen: die gieng noch niemand zu Ende.

Diese lange Gasse zurück: die währt eine Ewigkeit. Und jene lange Gasse hinaus – das ist eine andere Ewigkeit.

Sie widersprechen sich, diese Wege; sie stossen sich gerade vor den Kopf: – und hier, an diesem Thorwege, ist es, wo sie zusammenkommen. Der Name des Thorwegs steht oben geschrieben: ›Augenblick‹.

Aber wer Einen von ihnen weiter gienge – immer weiter und immer ferner: glaubst du, Zwerg, dass diese Wege sich ewig widersprechen?‹

›Alles Gerade lügt, murmelte verächtlich der Zwerg. Alle Wahrheit ist krumm, die Zeit selber ist ein Kreis.‹

›Du Geist der Schwere! sprach ich zürnend, mache dir es nicht zu leicht! Oder ich lasse dich hocken, wo du hockst, Lahmfuss, – und ich trug dich *hoch*!

Siehe, sprach ich weiter, diesen Augenblick! Von diesem Thorwege Augenblick läuft eine lange ewige Gasse *rückwärts*: hinter uns liegt eine Ewigkeit.

Muss nicht, was *laufen* kann von allen Dingen, schon einmal diese Gasse gelaufen sein? Muss nicht, was geschehen *kann* von allen Dingen, schon einmal geschehn, gethan, vorübergelaufen sein?

Und wenn Alles schon dagewesen ist: was hältst du Zwerg von diesem Augenblick? Muss auch dieser Thorweg nicht schon – dagewesen sein?
Und sind nicht solchermaassen fest alle Dinge verknotet, dass dieser Augenblick *alle* kommenden Dinge nach sich zieht? Also – – sich selber noch?

Denn, was laufen *kann* von allen Dingen: auch in dieser langen Gasse *hinaus – muss* es einmal noch laufen! –

Und diese langsame Spinne, die im Mondscheine kriecht, und dieser Mondschein selber, und ich und du im Thorwege, zusammen flüsternd, von ewigen Dingen flüsternd, – müssen wir nicht Alle schon dagewesen sein?

– und wiederkommen und in jener anderen Gasse laufen, hinaus, vor uns, in dieser langen schaurigen Gasse – müssen wir nicht ewig wiederkommen?‹« (IV, 199 f.)

Karl Löwith schreibt dazu in einer Interpretation dieses Kapitels:

»Wo der moderne Mensch nicht aus und ein weiß, findet Zarathustra den Ausweg aus ›zwei Jahrtausenden Verlogenheit‹, indem er, als der Überwinder von Mensch und Zeit, die beiden endlos geraden Wege, endend im Nichts, zum ewigen Kreise des Seins zusammenschließt. Diesen ›Circulus vitiosus deus‹ zu denken ist zwar ›menschlichen Gebeinen‹ eine ›drehende Krankheit‹, aber nur deshalb, weil sich der Mensch der christlichen Zeit unter der Ewigkeit eine Unvergänglichkeit denkt, ein zeitlos ›ewiges Leben‹, während die ›ewige Lebendigkeit‹ eine ewige Wiederkehr des Gleichen ist, die gerade das Werdende und Vergehende als solches rechtfertigt.«

Im Kapitel »Der Genesende« verkünden Zarathustras Tiere – der Adler und die Schlange – ihm die Wahrheit der ewigen Wiederkehr: »Alles geht, Alles kommt zurück; ewig rollt das Rad des Seins. Alles stirbt, Alles blüht wieder auf; ewig läuft das Jahr des Seins.« (IV, 272)

Erst durch die Verkündigung der ewigen Wiederkehr, durch seine im Kreis der ewigen Wiederkehr eingewebten Tiere kann Zarathustras große »Genesung« vom »Geist der Schwere« – Metaphysik, Moral, Religion –, dieser »Krankheit zum Tode« (S. Kierkegaard), einsetzen, die das Wissen um die ewige Wiederkehr als »göttliche Denkweise« des einen Lebens ertragen läßt. Was den Menschen betrifft, so wird er durch den Gedanken der ewigen Wiederkehr entweder verwandelt oder er zerbricht an ihm. Um diese entscheidende Alternative kreisen in der Folgezeit wesentliche Reflexionen Nietzsches.

Entscheidend ist, daß bereits im Dritten Teil des *Zarathustra* ewige Wiederkehr und Nihilismus von Nietzsche zusammengedacht werden: Die ewige Wiederkehr als die Wahrheit des Nihilismus zeigt das zum Nichts entschlossene Dasein als eine sich selbst wollende Welt des Schaffens und Vernichtens, als gleichsam verzweifelte Stilisierung des Willens zur Dauer. Als die »Wahrheit des Nihilismus« (K. Löwith) ist das Mythologem von der ewigen Wiederkunft sowohl atheistische Religion als auch zugleich physikalische Metaphysik: die »Einheit eines Zwiespalts« (K. Löwith) zwischen dem positivistischen Vorhandensein physischer Energie und dem nihilistischen Dasein der gottlos gewordenen menschlichen Existenz. Die Auflösung dieses Zwiespalts in das nihilistische »Alles ist gleich« eines der Welt entfremdeten, halt- und ziellos gewordenen Daseins und in die positivistische Indifferenz einer dem Menschen entfremdeten, unfaßlich und unsinnlich gewordenen Welt zeigt bereits an dieser Stelle die Lehre von der ewigen Wiederkehr als jene »extremste Form des Nihilismus«, als die sie der späte Nietzsche gesehen hat, die er aber auch zur »höchsten Formel der Bejahung, die überhaupt erreicht werden kann«, zu verwandeln trachtete. Nur in der »Bejahung« des Denkens der ewigen Wiederkunft ereignet sich der Übergang vom »Geist der Rache«, der den Untergang des Lebens in der Selbstvernichtung will, zum »amor fati«, dem »dionysischen« Ja-Sagen zur Welt, wie sie ist; nur in ihr vollzieht sich die Überwindung der bloßen Zeitlichkeit der Zeit zur Ewigkeit der ewigen Wiederkehr. So enden der Dritte und der letzte Teil des *Zarathustra* mit einem »trunkenen Lied« an die Ewigkeit, »Zarathustras Rundgesang«, in dem die Kirchenglocke in Sils-Maria, die Nietzsche hörte, zur dionysischen Sprache wird, die den Bezug von »Tiefe der Welt« und »Sein« der Zeit eröffnet (IV, 285 f.):

  »Eins!
O Mensch! Gib acht!
  Zwei!
Was spricht die tiefe Mitternacht?
  Drei!
›Ich schlief, ich schlief –,
  Vier!
›Aus tiefem Traum bin ich erwacht: –

Fünf!
›Die Welt ist tief,
    Sechs!
›Und tiefer als der Tag gedacht.
    Sieben!
›Tief ist ihr Weh –,
    Acht!
›Lust – tiefer noch als Herzeleid:
    Neun!
›Weh spricht: Vergeh!
    Zehn!
›Doch alle Lust will Ewigkeit –,
    Elf!
›– will tiefe, tiefe Ewigkeit!‹
    Zwölf!«

Das Mitternachtslied endet mit dem zwölften Glockenschlag, und dem folgt kein Wort mehr. Sein Klang gemahnt an das Vergehen der Zeit, an die Endlichkeit des eigenen Lebens, die in ihr beschlossen ist, und die doch wiederum nichts als »Treulosigkeit« wider eigenes Wollen ist gegenüber der Unvergänglichkeit des Lebens selbst, deren »Zeittiefe« das schmerzlichste »Herzeleid« des Menschen, das Wort »Vorbei«, nicht kennt, weil in ihrem zeitlosen »Immer-Sein« alles aufgehoben und nichts vorbei ist. Dabei bleibt jedoch unentschieden, ob der Glockenschlag »Zwölf« die beseligende Besiegelung der »tiefen, tiefen Ewigkeit« ist oder eben nicht doch deren erschreckender definitiver Widerruf. Die Irritation dieser letztendlichen Unentschiedenheit wird durch das Ende des Dritten Teils der Zarathustra-Dichtung, in dem »die Trauer des kühlen Abends« (H.-G. Gadamer) spürbar ist, nicht behoben.

Der Vierte und letzte Teil des *Zarathustra* – »Summe eines tiefen und verborgenen Lebens« –, 1885 nur als Privatdruck erschienen, bringt die »Erlösung« der »höheren Menschen« zur Darstellung.

Diese Menschen des großen Ekels an der allgemein gewordenen Nivellierung, des tiefen Leidens an der Gottverlassenheit des modernen Daseins und der unstillbaren Sehnsucht, deren Notschrei Zarathustra aus seiner Höhle lockt, sind: der Wahrsager der großen Müdigkeit (Schopenhauer), die beiden Könige (die Verächter der falschen Repräsentation des Politischen), der Gewissenhafte des Geistes (der Wissenschaftler), der alte Zauberer (Richard Wagner), der alte Papst (der um den »toten Gott« trauernde und in dieser Trauer fromme Mensch), der häßlichste Mensch (der »Mörder Gottes«, der große Selbsthasser und sich vorm Menschen Ekelnde), der freiwillige Bettler (der selbstlose Mensch) und der Schatten Zarathustras (der freie Geist). Sie alle sind – als der »Überrest Gottes« – tief Verzweifelte und Gescheiterte, die »Schatten« Zarathustras, die im gottlosen Zeitalter der Gleichschaltung der Massen und der Verbannung alles Geistigen aus den Wohnstätten des Lebens nicht mehr zu leben vermögen. Sie karikieren sich alle beim »Eselsfest« noch einmal, wenn in dieser gigantischen Groteske das immer gleiche I-A des Esels das dionysische Ja-Sagen zum Ganzen des Seins travestiert.

Im Zweiten Teil des Werks hat Zarathustra seine »Freunde« ob der Frage »Ist es nicht Thorheit, noch zu leben?« um Vergebung gebeten: »Ach, meine Freunde, der Abend ist es, der so aus mir fragt. Vergebt mir meine Traurigkeit! Abend ward es: vergebt mir, dass es Abend ward!« (IV, 141) Nun läßt in diesem Teil das Erlebnis jenes »Mittags«, an dem Zarathustra durch den »Mittagsabgrund« hindurch »in den Brunnen der Ewigkeit« fällt und sich ihm die Welt zur Vollkommenheit verwandelt, ihn die Erlösung durch den Tod ersehnen. Die Verlockungen und Bedrängnisse der Vernunft beginnen sich unmerklich aufzulösen. In der nautischen Daseinsmetaphorik wird nicht mehr der Aufbruch ins Unbekannte gepriesen, das in einer Richtung liegt, »wo bisher *alle* Sonnen der Menschheit untergegangen sind«, sondern die Heimkehr des Schiffes in die »stillste Bucht«, zu der die Gewässer des Lebens allesamt zurückströmen: zur Erde. So heißt es: »Wie ein Schiff, das in seine stillste Bucht einlief: – nun lehnt es sich an die Erde, der langen Reisen müde und der ungewissen Meere. Ist die Erde nicht treuer?« (IV, 343)

Im »Trunkenen Lied« spricht Zarathustra dann »von der Liebe als dem Sinn des Seins« (F. Kaulbach):

»Alles von neuem, Alles ewig, Alles verkettet, verfädelt, verliebt, oh so *liebtet* ihr die Welt, –

– ihr Ewigen, liebt sie ewig und allezeit: und auch zum Weh sprecht ihr: vergeh, aber komm zurück! *Denn alle Lust will – Ewigkeit!*« (IV, 402)

In diesem Hymnus auf alles Seiende im glänzenden Licht des Eros verliert die abgründig negative Bedeutungsmacht des Todes seine ins Leben vorragende, in dessen Verlaufsbahnen verwobene Dämonie. Die Metaphorik des Mittags im Vierten Teil des *Zarathustra* wird zur Metonymie des großen »Lösers«, des Todes. »Wie der Aufgang der Sonne auf einen mehrdeutigen Untergang hinweist, so vollendet sich auch der scheinbar vollkommene Mittag zur Zeit des höchsten Standes der Sonne erst dann, als ›die Sonne sinkt‹. [...] Die bange, oft wiederholte Frage um Mittag: ›was geschieht mir doch‹, beantwortet sich mit der sinkenden Sonne durch den Übergang in den lösenden und erlösenden Wahnsinn.« (K. Löwith) Indem das herrschende Zeichen in der Nomenklatur des Todes, »die Sonne«, dem an seiner Erkenntnis »verbrannten Herzen« »die große Kühle« eines in den Abend gleitenden Nachmittags ankündigt, das Zuendegehen eines Lebenstages, dessen »Purpur« über »weiße Meere« gleitet, verheißt es eine den »unterirdischen Ernst« des Zarathustra auflösende und ihn dadurch erlösende »güldene Heiterkeit«, dessen dionysisches »Glück« das seiner selbst »müde« gewordene

Denken zuletzt noch einholt in Wellenspiel und Versinken in »blauer Vergessenheit«: »Wie ein zierlicher Wind, ungesehn, auf getäfeltem Meere tanzt, leicht, federleicht: so – tanzt der Schlaf auf mir.« (IV, 343)

Das aus seiner zufällig menschlich individuierten Lebensgestalt befreite Lebenspartikel gibt in der Metamorphose des Todes sich bewußtlos der schönen, durchsichtig-flüssigen Formlosigkeit seines ewig schweigenden Ursprungselementes zurück. Darin wiederholt es eine »Verheißung des Lebens«: »aus der Zerstörung heimkommen«.

»Siebente Einsamkeit!
Nie empfand ich
näher mir süsse Sicherheit,
wärmer der Sonne Blick.
– Glüht nicht das Eis meiner Gipfel noch?
Silbern, leicht, ein Fisch
schwimmt nun mein Nachen hinaus ...«
(VI, 397)

Die Philosophie des Nachmittags – Nietzsches späte Werke

Jenseits von Gut und Böse

> »In aller bisherigen Wissenschaft der Moral
> *fehlte*, so wunderlich es klingen mag, noch das
> Problem der Moral selbst: es fehlte der Argwohn dafür,
> daß es hier etwas Problematisches gebe.«

Jenseits von Gut und Böse, Nietzsches erste Schrift nach dem *Zarathustra*, ist gleichsam dessen philosophischer »Kommentar«. Die ersten Aufzeichnungen zu dem Werk fallen noch in die Zeit der Arbeit am Vierten und letzten Teil des *Zarathustra*. Im Juni 1885 ist das Buch fertiggestellt, es erscheint im Sommer des folgenden Jahres. Am 5. August 1886 schreibt Nietzsche an Franz Overbeck:

»Das *neue* Buch [...] ist eben fertig geworden; der Auftrag, ein Exemplar an Dich nach Basel abzusenden, ist bereits seit einigen Tagen ergangen. [...] ist Dir das Buch unerträglich, so doch vielleicht hundert Einzelheiten nicht! Vielleicht auch, daß es dazu beiträgt, ein paar erhellende Lichter auf meinen Zarathustra zu werfen: der deshalb ein *unverständliches* Buch ist, weil er auf lauter Erlebnisse zurückgeht, die ich mit Niemandem theile. Wenn ich Dir einen Begriff meines Gefühls von *Einsamkeit* geben könnte! Unter den Lebenden so wenig als unter den *Todten* habe ich Jemanden, mit dem ich mich verwandt fühle. Dies ist unbeschreiblich schauerlich; und nur die Übung im Ertragen dieses Gefühls und eine schrittweise Entwicklung desselben von Kindesbeinen an macht mir's begreiflich, daß ich daran noch nicht zu Grunde gegangen bin. – Im übrigen liegt die *Aufgabe*, um derentwillen ich lebe, klar vor mir – als ein factum von unbeschreiblicher Traurigkeit [...].« (Briefe VII, 223)

Als »Kritik der Modernität« ist *Jenseits von Gut und Böse* eine Kritik der Philosophie (Erstes Hauptstück: »Von den Vorurtheilen der Philosophen«), der Religion (Drittes Hauptstück: »Das religiöse Wesen«), der Moral (Fünftes Hauptstück: »Zur Naturgeschichte der Moral«). Nietzsches Kritik entfaltet sich in dreifacher Hinsicht: historisch, sprachphilosophisch und psychologisch.

Seine Kritik an der Philosophie im Ersten Hauptstück legt die moralischen Vorurteilsstrukturen frei, die dem philosophischen Denken zugrunde liegen. Unter dem für Nietzsche illegitimen Anspruch, im Besitz der Wahrheit zu sein und die Totalität der Wirklichkeit zu erfassen, verfälschen die Philosophen die Wirklichkeit, indem sie sie mit »Werthschätzungen [...] zur Erhaltung einer bestimmten Art von Leben« (V, 17) verwechseln. Philosophie wird dann zur Ideologie, wenn sie die jeweils herrschenden moralischen Vorurteile zu allgemeinen, zeitlos gültigen »Wahrheiten« generalisiert. Die unzulässige Verallgemeinerung nur begrenzt gültiger Werte ist das methodische Verfahren eines durch und durch ideologischen Denkens, das sich primär in den Fehlleistungen der philosophischen Sprache manifestiert.

Innerhalb der philosophischen Aussagen suggerieren Subjektbildungen reale Entitäten. Werturteile und Wirklichkeitsaussagen erscheinen in ihrer sprachlichen Form als identisch. Dies ermöglicht es, daß moralische Wertungen als notwendige Attribute der Wirklichkeit ausgegeben werden können. Die Philosophie verknüpft Begriffe mit Attributen und glaubt somit die wirklichen Eigenschaften der Dinge vergegenwärtigt zu haben. Sie verknüpft des weiteren Subjekt und Prädikat und schafft damit die Imagination vom »Täter« und »Tun«, einen Kausalnexus, der – wie in *Menschliches, Allzumenschliches* formuliert – »die philosophische Mythologie, [die] in der Sprache versteckt« ist, übernimmt. Die Philosophie verneint ferner bestimmte Aspekte der Wirklichkeit zugunsten moralisch erlaubter und zugelassener Aspekte, die dann als einzig legitime »Wirklichkeiten« ausgegeben werden. Die folgenschwere platonische Ineinssetzung von

Wahrsein und Gutsein dient gemäß der psychologisierenden Kritik Nietzsches der Wiedergutmachung tiefer narzißtischer Kränkungen mittels der Zurechtstilisierung einer Scheinwelt, die – über den »schrecklichen Grundtext homo natura« gemalt – wiederum der Legitimation moralischer Vorurteilsstrukturen dient.

»›[...] die Dinge höchsten Werthes müssen einen anderen, *eigenen* Ursprung haben, – aus dieser vergänglichen verführerischen täuschenden geringen Welt, aus diesem Wirrsal von Wahn und Begierde sind sie unableitbar! Vielmehr im Schoosse des Sein's, im Unvergänglichen, im verborgenen Gotte, im ›Ding an sich‹ – *da* muss ihr Grund liegen, und sonst nirgendwo!‹ – Diese Art zu urtheilen macht das typische Vorurtheil aus, an dem sich die Metaphysiker aller Zeiten wieder erkennen lassen; diese Art von Werthschätzungen steht im Hintergrunde aller ihrer logischen Prozeduren; aus diesem ihrem ›Glauben‹ heraus bemühen sie sich um ihr ›Wissen‹, um Etwas, das feierlich am Ende als ›die Wahrheit‹ getauft wird. Der Grundglaube der Metaphysiker ist d*er Glaube an die Gegensätze der Werthe.* Es ist auch den Vorsichtigsten unter ihnen nicht eingefallen, hier an der Schwelle bereits zu zweifeln, wo es doch am nötigsten war: selbst wenn sie sich gelobt hatten ›de omnibus dubitandum‹.« (V, 16)

Das Zweite Hauptstück, »Der freie Geist«, ist den »Philosophen der Zukunft« gewidmet: »Eine neue Gattung von Philosophen kommt herauf: ich wage es, sie auf einen nicht ungefährlichen Namen zu taufen. So wie ich sie errathe, so wie sie sich errathen lassen – denn es gehört zu ihrer Art, irgend worin Rätsel bleiben zu *wollen* –, möchten diese Philosophen der Zukunft ein Recht, vielleicht auch ein Unrecht darauf haben, als *Versucher* bezeichnet zu werden. Dieser Name selbst ist zuletzt nur ein Versuch, und, wenn man will, eine Versuchung.« (V, 59)

Das Dritte Hauptstück, »Das religiöse Wesen«, zeigt dieses als sublimierte Qual. Das »Wesen« des Religiösen als gleichsam verinnerlichte Mystik des Masochismus ist – das hat Nietzsche gegen dessen Verharmlosung scharf akzentuiert – die Grausamkeit. Hier zeigen sich Anklänge an Flaubert, für den »Katholizismus« ein Synonym für »Sadismus« ist. Für Nietzsche wie für Flaubert bedeutet »Christentum« tiefster »Orient«, der Christ ist der »orientalische Sklave«, der an Rom Rache nimmt für seine »vornehme Toleranz«.

Das Syndrom des Religiösen ist »eine große Leiter der religiösen Grausamkeit mit vielen Sprossen«. Innerhalb der Praxis dieses Ritualsystems ist das Opfer als der – vergebliche – Versuch, den Schicksalscharakter des Lebens zu durchbrechen, zugleich dessen vollkommenster Ausdruck: Je mehr im Opfer an innermenschlicher Natur verleugnet wird, desto mehr fällt das Opfer selbst dem Zwangsvollzug blinder Natur anheim, wenn es sich zuletzt gezwungen sieht, »den Stein, die Dummheit, die Schwere, das Schicksal, das Nichts anzubeten. Für das Nichts Gott zu opfern – dieses paradoxe Mysterium der letzten Grausamkeit« (V, 74) – bleibt nach Nietzsche »dem Geschlechte, welches jetzt eben heraufkommt, aufgespart«. Dieses »paradoxe Mysterium der letzten Grausamkeit« ist für Nietzsche untrennbar verbunden mit der Vollendung der Geschichte des philosophischen Atheismus, die »den Niedergang des europäischen Theismus« zu ihrer Voraussetzung hat: »Warum heute Atheismus? – ›Der Vater‹ in Gott ist gründlich widerlegt; ebenso ›der Richter‹, ›der Belohner‹. Insgleichen sein ›freier Wille‹: er hört nicht, – und wenn er hörte, wüsste er trotzdem nicht zu helfen. Das Schlimmste ist: er scheint unfähig, sich deutlich mitzuteilen: ist er unklar? – Dies ist es, was ich als Ursachen für den Niedergang des europäischen Theismus [...] ausfindig gemacht habe [...].« (V, 72 f.)

Das Fünfte Hauptstück, »Zur Naturgeschichte der Moral«, interpretiert diese Geschichte am Leitfaden des »Willens zur Macht« als eine »Zeichensprache der Affekte«. Die Reflexion auf die »Wissenschaft der Moral« ist hierbei vor allem durch den

»Argwohn« bestimmt, daß es an den moralischen Ordnungen und ihren Geltungsansprüchen etwas von Grund auf Problematisches gibt, das bislang noch nicht bemerkt wurde: das Problem der Legitimität der Moral überhaupt. »In aller bisherigen ›Wissenschaft der Moral‹ *fehlte*, so wunderlich es klingen mag, noch das Problem der Moral selbst: es fehlte der Argwohn dafür, dass es hier etwas Problematisches gebe.« (V, 106)

Solange der Mythos von der Existenz Gottes noch als selbstverständlich anerkannt wurde, so lange war nach Nietzsche auch der Sanktionsgrund der Moral gesichert. Erst nach dem Tod Gottes, d.h. nach dem Wegfall der die Moral sanktionierenden Gottesidee, ist die Notwendigkeit, daß es Moral im Sinne unbedingter Verpflichtung geben soll, nicht mehr einsehbar; es ist »alles erlaubt« (F.M. Dostojewski). Neben Dostojewski ist Nietzsche innerhalb seines Jahrhunderts der einzige, der dieses »Problem« gesehen hat – »seine Titel ›Gott ist tot‹ und ›Jenseits von Gut und Böse‹ sind letztlich nur zwei Varianten über ein einziges Thema« (G. Anders). Und Nietzsche ist es, der den unzeitgemäßen Mut gehabt hat, die daraus sich ergebenden nihilistischen Konsequenzen zu Ende zu denken, daß nämlich der abendländische metaphysische Gegensatz von Gott und Teufel fortfällt und damit auch die Grundlage einer metaphysisch fundierten Moral des »Guten an sich«.

Von exzeptioneller Bedeutung ist der Dionysos gewidmete Aphorismus 295 aus dem Neunten Hauptstück. Er zeigt nicht nur den betörenden Sprachzauber Nietzsches in seinem ganzen Glanz, sondern versammelt in sich auch zentrale Motive seines Denkens. Er redet weder von der ewigen Wiederkehr noch vom Willen zur Macht, sondern von einem Menschen, der von einer ungeheuren seelischen »Erfahrung« angerührt und verwandelt worden ist und der dem Leser das fremde Gesicht dieser Erfahrung zukehrt, die zu einer Begegnung mit einem immer noch weitgehend unbekannten Nietzsche verführt, und zwar »verführt« deshalb, weil die Begegnung mit Nietzsche immer auch die nicht ungefährliche Begegnung mit einem »fremden Gott« verspricht, mit Dionysos: »Ein Zaubersänger aus dem Lyderland/ Mit blonden Locken voller Wohlgeruch/ Und Aphrodites Glut im Angesicht« (Euripides, Die Bakchen, V. 234 f.). Dieser Aphorismus rückt alles Äußere in die Beleuchtung der Seele. Das Seelische aber treffen wir in der zartesten Konkretheit: »[...] das Genie des Herzens, das die tölpische und überrasche Hand zögern und zierlicher greifen lehrt« (V, 237). Die Frage, die sich stellt, ist: Wer spricht in diesem Aphorismus? Ist es »das Genie des Herzens«, die »Seele« Nietzsches? Oder ist es »das Andere« der Seele Nietzsches, jener »Versucher-Gott« Dionysos, der als der »geborene Rattenfänger« der Herzen die unverkennbaren Züge des Sokrates trägt? Das Subjekt der lyrischen Rede bleibt eigentümlich unbestimmt. Die »An-Rede« dieses »Genies« jedoch ist bestimmbar in dem, worauf sie zielt: auf die Verwandlungsmacht des dionysischen Gedankens.

Zur Genealogie der Moral. Eine Streitschrift

> »Im Menschen ist so viel Entsetzliches! ...
> Die Erde war zu lange schon ein Irrenhaus!«

Nietzsches philosophisch geschlossenste Publikation, seine Schrift *Zur Genealogie der Moral* – innerhalb von zwanzig Tagen (vom 10. bis 30. Juli 1887) geschrieben –, versucht, wie Nietzsche an Jacob Burckhardt schreibt, ein paar »Hauptvoraussetzungen« der vorausgegangenen Schrift *Jenseits von Gut und Böse* deutlicher zu machen. Die Schrift selbst gliedert sich in drei Abhandlungen.

Die Erste Abhandlung, »›Gut und Böse‹, ›Gut und Schlecht‹«, gibt eine am Begriff des Ressentiments entwickelte Psychologie des Christentums. Das Christentum erscheint als das Resultat einer dekadenten Interpretation der Welt und des Lebens, die ihrerseits von Nietzsche auf spezifische Wert- und Bewußtseinshaltungen des Menschen zur Realität zurückgeführt wird. Diese Akte des Schätzens, des Vorziehens und des Herabsetzens werden im »Sklavenaufstand der Moral« als weltgeschichtliche Figur des Christentums wirksam. Der Begriff des Ressentiments hat in diesem Zusammenhang die Funktion, zu erklären, wie die durch die Natur vorgegebene Hierarchie der Macht sich zur Herrschaft der Ohnmächtigen über die ursprünglich Mächtigen verkehren konnte. Die ganze christliche Moral ist für Nietzsche ein Instrument der Verfälschung und Unterwerfung ursprünglicher Natur durch das, was nicht Natur ist – Gott, Vernunft, Gewissen –, und ihre gleichzeitige Verinnerlichung, Vergeistigung und Verdrängung. Auch hinter dem Willen der Verneinung der Macht steht ein Bedürfnis nach Macht. Auch hinter dem Willen zur Aufhebung der Herrschaft verbirgt sich ein Wille zur Herrschaft. Das Phänomen des schlechten Gewissens wird für Nietzsche zum Schlüssel, zur verborgenen Bestimmung aller bisherigen Geschichte, der Geschichte von Herrschaft und Macht und ihrer Pathologie; das schlechte Gewissen interpretiert er als Symptom der mißglückten Verdrängung dieser Geschichte. So heißt es weiterführend in der im folgenden Jahr verfaßten *Götzen-Dämmerung*:

»Zu allen Zeiten hat man die Menschen ›verbessern‹ wollen: dies vor Allem hiess Moral. Aber unter dem gleichen Wort ist das Allerverschiedenste von Tendenz versteckt. Sowohl die *Zähmung* der Bestie Mensch als die *Züchtung* einer bestimmten Gattung Mensch ist ›Besserung‹ genannt worden: erst diese zoologischen termini drücken Realitäten aus — Realitäten freilich, von denen der typische ›Verbesserer‹, der Priester, Nichts weiss – Nichts wissen *will* ... Die Zähmung eines Thieres seine ›Besserung‹ nennen ist in unsren Ohren beinahe ein Scherz. Wer weiss, was in Menagerien geschieht, zweifelt daran, dass die Bestie daselbst ›verbessert‹ wird.« (VI, 99)

Die Zweite Abhandlung, »›Schuld‹, ›Schlechtes Gewissen‹ und Verwandtes«, thematisiert im Rahmen jener von Nietzsche durchgeführten »Kritik der Moderne« die Mechanismen der Selbstunterdrückung am Modell der institutionalisierten Moral. Das menschliche Instinktverhalten, dessen Aggressivität sich nach außen entlädt, wird nach innen gekehrt und sublimiert sich zum schlechten Gewissen. Dieses wendet sich als »Strafinstanz« gegen den Menschen selbst und erzeugt ein Leiden, das, als »Sünde« interpretiert, eine Neurotisierung erzeugt, die ihn von innen her »vergiftet«. Als Leidender wird er zum Erfinder einer »Ressentiment-Religion« (Judentum/Christentum), die im Sinne einer vormals gehemmten Rachsucht mittels einer Umschichtung der nach innen gerichteten aggressiven Tendenzen einen Zuwachs an Machtgefühl erzeugt, das die einst Ohnmächtigen befähigt, ihrerseits die einst Mächtigen zu neurotisieren und sie dadurch zu beherrschen. Diese Überlegungen nehmen bereits grundlegende Thesen Freuds zur Religion als »Kollektivneurose« vorweg.

Zugleich ist diese Abhandlung Nietzsches wohl bedeutendster sozialphilosophischer Exkurs. In ihm widersetzt er sich der weitverbreiteten optimistischen Vorstellung von der sozialen Natur des Menschen. Als Naturwesen ist der Mensch für Nietzsche ein soziales »Tier«, das erst im Verlauf der grausamen Geschichte der menschlichen Kultur zu einem gesellschaftlichen Wesen wird. Das Wesen der Gesellschaft ist für Nietzsche die Gewalt, insofern die soziale Natur des Menschen, das Sicheinfügen in eine gegebene Ordnung – mag es pragmatisch, moralisch oder religiös begründet sein –, wesentlich auf die »Mnemonik des Schmerzes«, die Erinnerung an Zwangsakte, zurückgeht, durch welche die Menschen allererst zivilisiert und für die gesellschaftlichen Strukturen der Macht präpariert worden sind. »»Man brennt etwas ein, damit es im Gedächtnis bleibt: nur was nicht aufhört, *weh zu tun*, bleibt im Gedächtnis‹ – das ist ein Hauptsatz aus der allerältesten [...] Psychologie auf Erden.« (V, 295)

Die Geschichte der menschlichen Kultur ist für Nietzsche die verinnerlichte Form einer Grausamkeit, durch die »das Selbst, der identische, zweckgerichtete Charakter der Menschen« (Horkheimer/Adorno) allererst geschaffen wurde.

»Es gieng niemals ohne Blut, Martern, Opfer ab, wenn der Mensch es nöthig hielt, sich ein Gedächtniss zu machen; die schauerlichsten Opfer und Pfänder [...], die widerlichsten Verstümmelungen [...], die grausamsten Ritualformen aller religiösen Culte (und alle Religionen sind auf dem untersten Grunde Systeme von Grausamkeiten) – alles Das hat in jenem Instinkte seinen Ursprung, welcher im Schmerz das mächtigste Hülfsmittel der Mnemonik errieth. [...] Je schlechter die Menschheit ›bei Gedächtniss‹ war, um so furchtbarer ist immer der Aspekt ihrer Bräuche; die Härte der Strafgesetze giebt in Sonderheit einen Maassstab dafür ab, wieviel Mühe sie hatte, gegen die Vergesslichkeit zum Sieg zu kommen und ein paar primitive Erfordernisse des socialen Zusammenlebens diesen Augenblicks-Sklaven des Affekts und der Begierde *gegenwärtig* zu erhalten.« (V, 295 f.)

Bei Nietzsche wird die Geschichte der menschlichen Zivilisation als die Geschichte verinnerlichter Grausamkeit lesbar, einer Grausamkeit, die sich gerade in der gesellschaftlich erzwungenen Verdrängung in der Zivilisation ungebrochen fortsetzt. Nietzsche sieht – anders als Marx – die Totalität von Herrschaft als allumfassend: Naturbeherrschung, die sich mit der Gewalt des Subjekts über seine innere Natur verbindet, verewigt den geschichtlichen Zusammenhang der Herausbildung von Rationalität in einer einzigen Leidensgeschichte. Im Horizont dieser

Geschichte bildet sich gesellschaftliche Erfahrung als das, was weh tut.

Hatte der Pessimismus der Kantischen Geschichtsphilosophie die Konstellation Mensch-Natur in der Dialektik der Aufklärung bereits auf die Identität von Mensch und Tier festgelegt – »der Mensch ist ein Tier« heißt es bei Kant ausdrücklich im Sechsten Satz der *Idee zu einer allgemeinen Geschichte in weltbürgerlicher Absicht* (1784) –, so ist nach dem Sturz des »höchsten Gutes« erneut die Frage Nietzsches offen: »Ein Thier heranzüchten, das *versprechen darf* – ist das nicht gerade jene paradoxe Aufgabe selbst, welche sich die Natur in Hinsicht auf den Menschen gestellt hat? ist es nicht das eigentliche Problem *vom* Menschen?« (V, 291)

Indem Nietzsche diese von ihm mit dem weiteren Schicksal des Menschen verbundene Frage nicht mehr »positiv« beantworten kann, droht erneut der Rückfall der Neuzeit in Vorgeschichte auf einer historisch erweiterten Stufe jenes Terrors, dessen Ausdruck die Identität von Vernunft und Herrschaft des Wahns ist, denn »im Menschen ist so viel Entsetzliches! ... Die Erde war zu lange schon ein Irrenhaus!« (V, 333)

In der Dritten Abhandlung fragt Nietzsche nach der Bedeutung des asketischen Ideals. Er sieht es vor allem darin begründet, daß es die Voraussetzungen dafür schafft, das Leiden der Menschen an der Sinnlosigkeit ihres Lebens aufzuheben. Die Funktion des asketischen Ideals besteht in einer Sinngebung des Sinnlosen.

»Sieht man vom asketischen Ideale ab: so hatte der Mensch, das *Thier* Mensch bisher keinen Sinn. Sein Dasein auf Erden enthielt kein Ziel; ›wozu Mensch überhaupt?‹ – war eine Frage ohne Antwort; [...] hinter jedem grossen Menschen-Schicksal klang als Refrain ein noch grösseres ›Umsonst!‹ *Das* eben bedeutet das asketische Ideal: dass Etwas *fehlte*, dass eine ungeheure *Lücke* den Menschen umstand, – er wusste sich selbst nicht zu rechtfertigen, zu erklären, zu bejahen, er *litt* am Problem seines Sinns. Er litt auch sonst, er war in der Hauptsache ein *krankhaftes* Thier: aber *nicht* das Leiden selbst war sein Problem, sondern dass die Antwort fehlte für den Schrei der Frage ›*wozu* leiden?‹ [...] Die Sinnlosigkeit des Leidens, *nicht* das Leiden, war der Fluch, der bisher über der Menschheit ausgebreitet lag, – *und das asketische Ideal bot ihr einen Sinn!* Es war bisher der einzige Sinn; irgend ein Sinn ist besser als gar kein Sinn; das asketische Ideal war in jedem Betracht das ›*faute de mieux*‹ par excellence, das es bisher gab. In ihm war das Leiden *ausgelegt*; die ungeheure Leere schien ausgefüllt; die Thür schloss sich vor allem selbstmörderischen Nihilismus zu. [...] der Mensch war damit *gerettet*, er hatte einen *Sinn*, er war fürderhin nicht mehr wie ein Blatt im Winde, ein Spielball des Unsinns, des ›Ohne-Sinns‹ [...].« (V, 411 f.)

Nietzsche verbindet den Grundsatz seiner naturalistischen Anthropologie – der Mensch ist ein »krankhaftes Tier« – mit dem Problem des Leidens, das sich an der Härte des Schmerzes und der »ungeheuren Lücke«, die das Rätsel des Lebens ist, als jene quälende Frage des »Wozu« erweist, die durch keine wie immer geartete Organisation des gesellschaftlichen Lebens behoben werden kann. Die »ungeheure Lücke«, die den Menschen umsteht, ist das Undurchdringliche, das Abweisende dessen, was dem Menschen entgegensteht und von ihm schlechterdings nicht vereinnahmt werden kann. Aus der Faktizität der Erfahrung dieser »Lücke«, welche die Griechen sich durch die Erfindung ihrer Götter noch gnädig verdeckt gehalten haben, rettet sich der Mensch mittels des asketischen Ideals, indem er sich der masochistischen Tendenz zur »Selbstmarterung« seiner Tiernatur anheimgibt und darin sich gleichsam in seiner Freiheit selbst aufgibt:

»Er ergreift in ›Gott‹ die letzten Gegensätze, die er zu seinen eigentlichen und unablöslichen Thier-Instinkten zu finden vermag, [...] er spannt sich in den Widerspruch ›Gott‹ und ›Teufel‹, er wirft alles Nein, das er zu sich selbst, zur Natur, Natürlichkeit, That-sächlichkeit seines Wesens sagt, aus sich heraus als ein Ja, als sei-end, leibhaft, wirklich, als Gott, als Heiligkeit Gottes, als Richter-tum Gottes, als Henkertum Gottes, als Jenseits, als Ewigkeit, als Marter ohne Ende, als Hölle.« (V, 332)

Nach dem Verfall des asketischen Ideals fällt der Mensch auf die nackte Faktizität des Leidens zurück. Die Frage nach dem »Sinn« des Leidens – »wozu leiden?« – bleibt ohne Antwort. Das Lei-den aber bleibt. Für Nietzsche ist der neuzeitliche Atheismus als die »auf ihren Kern reduzierte Metaphysik« (G. Rohrmoser) eine Katastrophe, insofern er alle asketischen Ideale verneint, alle Antworten auf die Frage nach dem »Sinn« selbst wieder in Frage stellt und so zuletzt die Gleichgültigkeit von Wahrheit und Lüge als vernichtende Indifferenz des Absurden zum Bewußt-sein bringt. Der Atheismus ist aber auch deshalb eine Katastro-phe, weil er am Willen zur Wahrheit festhält und gleichzeitig sich gezwungen sieht, Wahrheit nach dem Wegfall der sie be-gründenden und sichernden Gottesidee zu negieren. Die von Nietzsche in diesem Zusammenhang skizzierte doppelte Selbst-auflösung des christlichen Glaubens sowohl als »Credo, ut intelli-gam« wie auch als »Credo, quia absurdum« (im 27. Aphorismus der Dritten Abhandlung der *Genealogie der Moral*) erzwingt den Atheismus der Neuzeit als eine letzte zu sich selbst kommende Wahrhaftigkeit:

»Dergestalt gieng das Christentum *als Dogma* zu Grunde, an seiner eignen Moral; dergestalt muss nun auch das Christentum *als Moral* noch zu Grunde gehn, – wir stehen an der Schwelle *dieses* Ereignisses. Nach-dem die christliche Wahrhaftigkeit einen Schluss nach dem andern gezogen hat, zieht sie am Ende ihren *stärksten Schluss*, ihren Schluss *gegen* sich selbst; dies aber geschieht, wenn sie die Frage stellt, ›*was bedeutet aller Wille zur Wahrheit?*‹ [...] welchen Sinn hätte *unser* ganzes Sein, wenn nicht den, dass in uns jener Wille zur Wahrheit sich selbst *als Problem* zum Bewusstsein gekommen wäre? ... An diesem Sich-bewusst-werden des Willens zur Wahrheit geht von nun an [...] die Moral *zu Grunde:* jenes grosse Schauspiel in hundert Akten, das den nächsten zwei Jahrhunderten Europa's aufgespart bleibt, das furchtbarste, fragwürdigste [...] aller Schauspiele [...].« (V, 410 f.)

Im »Sich-bewusst-werden des Willens zur Wahrheit« als eines Problems sieht sich die Neuzeit erneut vor die Aporie ihrer Selbstrechtfertigung gestellt, wenn sie infolge einer »zweitausendjährigen Zucht zur Wahrheit, welche am Schlusse sich die Lüge im Glauben an Gott verbietet«, sich zuletzt noch gezwungen sieht, die Prätention auf Wahrheit zu verabschieden, von der her sie doch in ihrem Selbstverständnis bestimmt war: »[...] auch wir Erkennenden von Heute, wir Gottlosen und Antimetaphysiker, auch wir nehmen *unser* Feuer noch von jenem Brande, den ein Jahrtausende alter Glaube entzündet hat, jener Christen-Glaube, der auch der Glaube Plato's war, dass Gott die Wahrheit ist, dass die Wahrheit *göttlich* ist ... Aber wie, wenn gerade dies immer mehr unglaubwürdig wird, wenn Nichts sich mehr als göttlich erweist, es sei denn der Irrthum, die Blindheit, die Lüge, – wenn Gott selbst sich als unsre *längste Lüge* erweist?« (V, 401)

Auf die *Genealogie der Moral* hin – einen der großen subversiven Texte der Moderne – blieb alles stumm. Die furchtbaren Fragen Nietzsches blieben ohne Antwort – Nietzsche hat dies gewußt, als er schrieb: »Versteht man mich? ... Hat man mich verstanden? ... ›Schlechterdings nicht! mein Herr!‹« (V, 339)

Götzen-Dämmerung oder Wie man mit
dem Hammer philosophirt

> »Es gibt mehr Götzen als Realitäten in der Welt:
> das ist mein ›böser Blick‹ für diese Welt.«

Im August des Jahres 1888 verfaßt Nietzsche in Sils-Maria seine »große Kriegserklärung« an all das, was bisher für wahr gehalten wurde: die *Götzen-Dämmerung* (ursprünglicher Titel: »Müßiggang eines Psychologen«). Im *Ecce homo* schreibt er, was es mit dem letztlich gewählten Titel auf sich hat: »Das, was *Götze* auf dem Titelblatt heisst, ist ganz einfach das, was bisher Wahrheit genannt wurde. *Götzen-Dämmerung* – auf deutsch: es geht zu Ende mit der alten Wahrheit.« (VI, 354)

In drei kurzen philosophischen Abschnitten – »Die ›Vernunft‹ in der Philosophie«, »Moral der Widernatur« und »Die vier grossen Irrthümer« – gibt Nietzsche eine nominalistische Kritik der durch das »grobe Fetischwesen« der Sprache produzierten Vernunft-Vorurteile, wie sie sich vor allem in der Fiktion der Begriffe von Subjekt, Kausalität und Substanz zeigen. Die entscheidende Passage hierzu findet sich im § 5 des ersten Abschnittes: »[...] wir kommen in ein grobes Fetischwesen hinein, wenn wir uns die Grundvoraussetzungen der Sprach-Metaphysik, auf deutsch: der *Vernunft*, zum Bewusstsein bringen. *Das* sieht überall Thäter und Thun: [...] das glaubt an's ›Ich‹, an's Ich als Sein, ans Ich als Substanz und *projicirt* den Glauben an die Ich-Substanz auf alle Dinge. [...] Das Sein wird überall als Ursache hineingedacht, *untergeschoben;* aus der Conception ›Ich‹ folgt erst, als abgeleitet, der Begriff ›Sein‹. [...] Ich fürchte, wir werden Gott nicht los, weil wir noch an die Grammatik glauben [...].« (VI, 77 f.)

Die grammatischen Strukturen der Sprache bestimmen die Form der transzendentalen Synthese des Subjekts. Sie verleihen in der Aussagenlogik den Erfahrungen des eigenen Ich wie auch den Erfahrungen von Gegenständen eine eigentümliche Starrheit, die sich gegen die Wahrheit der Veränderlichkeit, der produktiven Intensität und des Werdens abdichtet, um sich nur um so fester in der Projektion einer aller Erfahrung vorgängigen und sie begründenden Substantialität zu verschließen.

Die gesamte Verfallsgeschichte der abendländischen Metaphysik wird von Nietzsche in der *Götzen-Dämmerung* auf einem einzigen Blatt zu Ende erzählt. Dieses Blatt trägt die Überschrift »Wie die ›wahre Welt‹ endlich zur Fabel wurde. Geschichte eines Irrthums«.

»1. Die wahre Welt erreichbar für den Weisen, den Frommen, den Tugendhaften, – er lebt in ihr, *er ist sie.*

(Älteste Form der Idee, relativ klug, simpel, überzeugend. Umschreibung des Satzes ›ich, Plato, *bin* die Wahrheit‹.)

2. Die wahre Welt, unerreichbar für jetzt, aber versprochen für den Weisen, den Frommen, den Tugendhaften (›für den Sünder, der Busse thut‹).

(Fortschritt der Idee: sie wird feiner, verfänglicher, unfaßlicher, – *sie wird Weib*, sie wird christlich ...)

3. Die wahre Welt, unerreichbar, unbeweisbar, unversprechbar, aber schon als gedacht ein Trost, eine Verpflichtung, ein Imperativ.

(Die alte Sonne im Grunde, aber durch Nebel und Skepsis hindurch; die Idee sublim geworden, bleich, nordisch, königsbergisch.)

4. Die wahre Welt – unerreichbar? Jedenfalls unerreicht. Und als unerreicht auch *unbekannt.* Folglich auch nicht tröstend, erlösend, verpflichtend: wozu könnte uns etwas Unbekanntes verpflichten? ...

(Grauer Morgen. Erstes Gähnen der Vernunft. Hahnenschrei des Positivismus.)

5. Die ›wahre Welt‹ – eine Idee, die zu Nichts mehr nütz ist, nicht einmal mehr verpflichtend, – eine unnütz, eine überflüssig gewordene Idee, *folglich* eine widerlegte Idee: schaffen wir sie ab!

(Heller Tag; Frühstück; Rückkehr des bon sens und der Heiterkeit; Schamröthe Plato's: Teufelslärm aller freien Geister.)

6. Die wahre Welt haben wir abgeschafft: welche Welt bleibt übrig? die scheinbare vielleicht? ... Aber nein! *mit der wahren Welt haben wir auch die scheinbare abgeschafft!*

(Mittag; Augenblick des kürzesten Schattens; Ende des längsten Irrthums; Höhepunkt der Menschheit; INCIPIT ZARATHUSTRA.)« (VI, 80 f.)

Das erste Stadium der Verfallsgeschichte der Metaphysik ist nach Nietzsche durch den Platonismus bestimmt. In der Platonischen Philosophie kommt die »Verdoppelung« der Welt in eine Welt des sinnlichen Scheins und eine Welt des übersinnlichen Seins zur Herrschaft. Der die Auslegung des Wesens der Metaphysik seit Platon bestimmende Gesichtspunkt ist in dieser Erzählform der Bezug von Mensch und Wahrheit. In der Platonischen Philosophie wird dieser »Bezug« so gedacht, daß der Mensch die Wahrheit erreichen, ja sie »sein« kann, insofern er sich in die Verfassung des Weisen, des Frommen und des Tugendhaften zu bringen vermag.

Das zweite Stadium der Verfallsgeschichte setzt mit dem Christentum ein. Christentum ist für Nietzsche hierbei eine Gestalt des Platonismus, in welcher der Gegenwartsbezug von Mensch und Wahrheit in eine Zukunftserwartung verwandelt wird. Das heißt, die bei Platon an ein räumliches Denkmodell gebundenen Orientierungspunkte des Wahrheitsverhältnisses »hier« und »dort« werden abgelöst von der zeitlichen Bestimmung »jetzt« und »dann«. Diese Verzeitlichung der Metaphysik bestimmt nach Nietzsche das Christentum als Gestalt des verfallenden Platonismus, bei der an die Stelle der Gegenwart die Zukunft als der »Ort« erreichbarer Wahrheit tritt.

Das dritte Stadium der Verfallsgeschichte wird, so Nietzsche, mit der Kantischen Philosophie eingeleitet. In der Philosophie Kants und der durch sie repräsentierten Destruktion des ontologischen Gottesbeweises in der *Kritik der reinen Vernunft* ist die

»wahre Welt« unerreichbar, weil unbeweisbar geworden. Aber noch als bloß gedachte ist die »wahre Welt« für Kant ein Trost, der über die Verzweiflung hinweghilft, daß das schlechthin Unbedingte im Bedingungszusammenhang des Wirklichen gar nicht anzutreffen ist. Noch als gedachte ist die »wahre Welt« für Kant ein Grund zur moralischen Verpflichtung, der davor bewahrt, daß die der Idee des Sittengesetzes verpflichtete Existenz als eine absurde angesehen werden muß.

Das vierte Stadium der Verfallsgeschichte ist Nietzsche zufolge durch den neuzeitlichen Positivismus bestimmt. In ihm verliert der Gedanke der »wahren Welt« jede den Menschen tröstende und ihn verpflichtende Kraft. Die den Positivismus bestimmende Instrumentalisierung der Vernunft, die sich auf die Verwertbarkeit des faktisch Vorfindlichen bezieht, resultiert nach Nietzsche aus der Unverbindlichkeit des Gedankens einer »wahren Welt«.

Das fünfte Stadium der Verfallsgeschichte der Metaphysik ist das Stadium des »freien Geistes«. In ihm vollzieht sich die Abschaffung der »wahren Welt«.

Das sechste Stadium der Verfallsgeschichte der Metaphysik ist – als das Ende der dieser Geschichte eingezeichneten »Geschichte eines Irrthums« – der zu sich selbst gekommene Nihilismus, insofern nach dem Wegfall der »wahren Welt« nunmehr die Möglichkeit hinfällig geworden ist, noch in der Weise der Metaphysik Wahrheit von Unwahrheit, Sein von Schein zu scheiden. Die Geschichte der Metaphysik als eine Geschichte des zu sich selbst kommenden Nihilismus ist gleichsam die Verkehrung von Platon in Zarathustra; dieser aber, mit dem Nietzsche sich ausdrücklich identifiziert, ist nach dem Untergang aller Interpretationen der Welt und des Seins, nach dem Untergang des in ihnen sich zu Ende erzählt habenden »Ich«, nur noch die ästhetische Chiffre für das Integral aller perspektivischen Linien des Lebens. Insofern ist er das Symbol für den noch nicht in die

Geschichte eingetretenen neuen Stand der Beschaffenheit der Wille-zur-Macht-Prozesse und der durch sie bewirkten Sinnautarkie des Daseins.

Die von Nietzsche in der *Götzen-Dämmerung* skizzierte Verfallsgeschichte der Metaphysik ist – als Vorstudie zu der von ihm geleisteten Reflexion über den Nihilismus, also über das Resultat der Selbstauflösung der Geschichte des metaphysischen Denkens – die entscheidende Passage dieser späten Schrift.

Der Antichrist. Fluch auf das Christenthum

> »Wenn man das Schwergewicht des Lebens
> nicht ins Leben, sondern ins ›Jenseits‹
> verlegt – ins Nichts –, so hat man dem Leben
> überhaupt das Schwergewicht genommen.«

Nietzsches im September 1888 geschriebene Kampfschrift D*er Antichrist* – ursprünglich von ihm als das erste Buch der geplanten »Umwertung aller Werte« konzipiert – ist einer der schärfsten Angriffe auf Christentum und Staatskirche, die im 19. Jahrhundert verfaßt wurden: »Diese ewige Anklage des Christenthums will ich an alle Wände schreiben, wo es nur Wände gibt [...]. Ich heisse das Christenthum den Einen grossen Fluch, die Eine grosse innerlichste Verdorbenheit, den Einen grossen Instinkt der Rache, dem kein Mittel giftig, heimlich, unterirdisch, *klein* genug ist, – ich heiße es den Einen unsterblichen Schandfleck der Menschheit [...].« (VI, 253)

Die ideologische »Zurechtfälschung« der Wirklichkeit in Form der »Lüge der ›sittlichen Weltordnung‹« geht laut Nietzsche innerhalb der Geschichte des Christentums zu Lasten der Theologie, deren Entstehung für ihn mit der Schlüsselgestalt des

Paulus verbunden ist. Nicht mit Jesus, der Nietzsches Interpretation zufolge gerade zur Gegenfigur der »Hinter-Welt« des Christentums wird, setzt das Verhängnis der Verleugnung des Lebens ein, sondern mit der Paulinischen Theologie. Judentum und paulinisches Christentum stehen gemeinsam auf der Liste tiefster Dekadenz und im Dienst machtsüchtiger Perversionen. Jesus selbst – »dieser heilige Anarchist« – lebte nach Nietzsche in einer Welt jenseits aller Realität, im »Himmelreich« einer »bloß noch ›inneren Welt‹«. So wird Renans Deutung des *Lebens Jesu* (1863) von Nietzsche scharf zurückgewiesen: »Aus Jesus einen *Helden* machen! – Und was für ein Missverständniss ist gar das Wort ›Genie‹! [...] Mit der Strenge des Physiologen gesprochen, wäre hier ein ganz andres Wort eher noch am Platz; das Wort Idiot.« (VI, 200) Als »physiologischer Typus« verweist der »Idiot« auf das Bild des Fürsten Myschkin in Dostojewskis religiösem Roman *Der Idiot* (1868).

Im Grunde ist bereits das Wort »Christentum« für Nietzsche ein grandioses »Mißverständnis«: »[...] im Grunde gab es nur Einen Christen, und der starb am Kreuz. Das ›Evangelium‹ *starb* am Kreuz. Was von diesem Augenblick an ›Evangelium‹ heisst, war bereits der Gegensatz dessen, was er gelebt [...].« (VI, 211)

Das Christentum als »Dysangelium« ist für Nietzsche eine einzige Perversion des am Kreuz gescheiterten »Evangeliums«; seine Geschichte ist für ihn die Geschichte einer Verfälschung des von Jesus Gelebten durch die »jüdische« Glaubenslehre des Paulus: »In Paulus verkörpert sich der Gegensatz-Typus zum ›frohen Botschafter‹, das Genie im Hass, in der Vision des Hasses, in der unerbittlichen Logik des Hasses.« (VI, 215 f.)

An die Stelle einer schon hier und heute erfahrbaren »Seligkeit« des Herzens treten die imaginären Elemente »Sünde«, »Strafe«, »Jüngstes Gericht«, die Vergöttlichung des Nichts im christlichen Gottesbegriff als »Systeme von Grausamkeit«. Angesichts dieser Verkehrungen durch das Folterinstrumentarium einer theologischen Begriffswelt aus dem »Geist der Rache« konstatiert Nietzsche: »Dass die Menschheit vor dem Gegensatz dessen auf den Knien liegt, was der Ursprung, der Sinn, das *Recht* des Evangeliums war, dass sie in dem Begriff ›Kirche‹ gerade das heilig gesprochen hat, was der ›frohe Botschafter‹ als *unter* sich, als *hinter* sich empfand – man sucht vergebens nach einer größeren Form *welthistorischer Ironie* [...].« (VI, 208)

Der Antichrist wurde nicht zum Druck gegeben. Wohl aber hatte Nietzsche fünf Jahre zuvor, am 3. April 1883, an Malwida von Meysenbug geschrieben: »Ich bin [...] der Antichrist.« (Briefe VI, 357)

Mit dem *Antichrist*, der den Übergang zum »politischen« Wirken-Wollen Nietzsches markiert, ist die Umwertungsarbeit prinzipiell abgeschlossen. Mit ihm verabschiedet Nietzsche zugleich jene Gedanken, die man als seine Hauptlehren zu bezeichnen pflegt: Von der ewigen Wiederkehr des Gleichen ist keine Rede mehr, der Übermensch rückt an die Peripherie der Überlegungen, an seine Stelle tritt ein problematischer Züchtungsgedanke, der eugenische Akzente ebensowenig verleugnet wie einen radikalen Antiegalitarismus und Antidemokratismus. Als politische Tendenzschrift gelesen, ist Nietzsches *Antichrist* ein bedenkliches Buch. »Betrachtet man den *Antichrist* im Zusammenhang mit Nietzsches ganzer Entwicklung, so ist er kein ursprüngliches ›Skandalon‹ und noch weniger eine ›Wiederentdeckung des ursprünglichen Christentums‹, sondern das Ende einer Kritik, die schon mit den *Unzeitgemäßen Betrachtungen* einsetzte.« Jedoch droht die Umwertungsarbeit insofern zu versanden, als Nietzsche keine neue in sich kohärente Wertordnung zu verordnen vermag, da eine solche letztlich auf eine heteronome Ethik zurückfallen würde, die sein Immoralismus gerade als überwunden erklärt hat.

Zum Antichristen verweise ich auf den philosophisch-historischen Kommentar von Andreas Urs Sommer (Basel 2000)

Ecce homo. Wie man wird, was man ist

> »Alles, was bisher ›Wahrheit‹ hieß, ist als die [...] unterirdischste Form der Lüge erkannt.«

Die am 15. Oktober 1888, seinem 44. Geburtstag, in Turin begonnene und am 4. November desselben Jahres abgeschlossene Autobiographie Friedrich Nietzsches, *Ecce homo* – diese Biographie eines in »Eis und Hochgebirge« verbrachten philosophischen Lebens, seiner Atemnot, seiner einsamen Wanderungen »im Verbotenen« –, ist zum einen der radikalisierte Ausdruck der bei Nietzsche gegebenen Durchdringung von Denken und Person, zum anderen ist sie der verzweifelte Versuch, die total gewordene Isolation eines Lebens zu durchbrechen und das die Existenz einschließende Schweigen der Welt aufzubrechen, um auf sich aufmerksam zu machen – »und sei es durch das Eingreifen der Zensur« (A. Baeumler). Gegenüber Peter Gast bezeichnet Nietzsche *Ecce homo* als »feuerspeiende Vorrede« zu der von ihm geplanten »Umwertung aller Werte«. Dieses Buch solle über ihn »Licht und Schrecken« verbreiten. Der Schrecken von Nietzsches »Sonnenvereinsamung im Licht« manifestiert sich in den späten Werken in jenem Gestikulierenden, gleichsam Fuchtelnden eines Denkgestus, der im *Ecce homo* den sich schon auflösenden Schattenriß der eigenen Existenz in den Gegensatz »Dionysos gegen den Gekreuzigten« zu bannen versucht. Das Novum in der Geschichte der philosophischen Biographie, das *Ecce homo* repräsentiert, ist die Verabsolutierung der Ich=Ich-Rede, die den traditionellen hermeneutischen Diskurs über das Subjekt verabschiedet. Und so schreibt Nietzsche im Dezember

1888 an Carl Fuchs: »Alles erwogen, lieber Freund, hat es von jetzt ab keinen Sinn mehr, *über* mich zu reden und zu schreiben; ich habe die Frage, *wer ich bin*, mit der Schrift, an der wir drucken, *Ecce homo*, für die nächste Ewigkeit ad acta gelegt.« (Briefe VIII, 553)

Am 14. April 1887 hatte Nietzsche aus Cannobbio am Lago Maggiore an Overbeck geschrieben: »Ich glaube, man hielte mich einfach für toll, wenn ich verlauten liesse, was ich von mir selber halte [...], dass mit mir eine Katastrophe sich vorbereitet, deren Namen ich weiss, aber nicht aussprechen werde.« (Briefe VIII, 57 f.)

Nietzsche hat dann doch den »Namen« der mit seinem eigenen Namen verbundenen Katastrophe – daß alles, was bisher »Gott« und »Wahrheit« hieß, Lüge ist – unter dem unaushaltbar wachsenden Druck einer ihn zerreißenden Erkenntnis zumindest codiert preisgegeben. Zuerst in der Rede des »tollen Menschen«, daß Gott tot sei, dann im Diskurs der Nihilismus-Analyse der späten achtziger Jahre und zuletzt im *Ecce homo.* »Die *Entdeckung* der christlichen Moral ist ein Ereigniss, das nicht seines Gleichen hat, eine wirkliche Katastrophe. [...] Der Blitz der Wahrheit traf gerade das, was bisher am Höchsten stand: wer begreift, *was* da vernichtet wurde, mag zusehn, ob er überhaupt noch Etwas in den Händen hat. Alles, was bisher ›Wahrheit‹ hiess, ist als die [...] unterirdischste Form der Lüge erkannt [...].« (VI, 373)

Von daher scheint es gerechtfertigt, wenn Alfred Baeumler in seinem Nachwort zum *Ecce homo* schreibt: »Entschließen wir uns, den Philosophen als den Menschen zu verstehen, der als einziger den Wendepunkt der abendländischen Geschichte miterlebt, dann verliert dieses merkwürdige Selbstbewußtsein jede Beziehung zu einem unbegreiflichen ›Größenwahn‹. Es wird zum paradoxalen Ausdruck der Existenz eines Zeugen, der etwas wahrnimmt, was andere nicht wahrnehmen können. Selbst die extremsten Äußerungen erhalten unter diesem Gesichtspunkt einen deutbaren Sinn.«

»[...] wenn die Wahrheit mit der Lüge von Jahrtausenden in Kampf tritt, werden wir Erschütterungen haben, [...] Erdbeben, eine Versetzung von Berg und Thal, wie dergleichen nie geträumt worden ist. Der Begriff Politik ist dann gänzlich in einen Geisterkrieg aufgegangen, alle Machtgebilde der alten Gesellschaft sind in die Luft gesprengt – sie ruhen allesamt auf der Lüge: es wird Kriege geben, wie es noch keine auf Erden gegeben hat.« (VI, 366) – Diese Sätze aus dem *Ecce homo* kündigen in der Katastrophe, welche die innere Logik der geistigen Existenz Nietzsches ausmacht (»meine Wahrheit ist furchtbar«), die Tragödie des 20. Jahrhunderts an: die Totalität des Terrors in der Bewegung der Vernichtung. Von daher ist *Ecce homo* den »prophetischen Büchern« zuzurechnen.

Am Ende dieser einzigartigen Biographie fordert Nietzsche eine radikale Entscheidung: »Dionysos ist gegen den Gekreuzigten«. Dionysos ist hier höchstens Symbol der Lebensbejahung, gegen den im »Gekreuzigten« symbolisierten Willen zur Lebensverneinung. Dionysos verkörpert die von seinem »Erfinder« verzweifelt bejahte Liebe zur Notwendigkeit (amor fati) und kodifiziert zugleich die zweideutige Preisung einer Vergleichgültigung der persönlichen Schicksalsentwicklung im Zirkel einer mythischen Notwendigkeit (moira), in der alles Hoffen, Wünschen, Bangen untergegangen ist, da die Strahlungen dieser »Notwendigkeit« über all dies Allzumenschliche bereits hinweggegangen sind und auf den verlassenen Dünen des Lebens die ausgeglühte Form des Menschseins als eine namenlose Spur zurückgelassen haben. Wenn Nietzsches einzige und letzte Liebe der blinden Dame »Ewigkeit« gilt, dem Faltenwurf ihrer dunklen »Ordnung«, dann liquidiert die Opfergabe dieser »Liebe« jegliche existentielle Transzendenz und besiegelt damit den

Ruin des von ihm stets geforderten Aktes ständiger Selbstüberwindung im Sinne eines Hinübergangs des Menschen vom Abend
zu einem neuen Morgen. Unterhalb der überspannten Euphorie
des *Ecce homo* liegen die Schatten des bevorstehenden geistigen
Zusammenbruchs. Die selbstreferentielle Einheit von Ich und
Fatum im Sinne einer sich selbst interpretierenden göttlichen Einheit, die Nietzsche für sich beansprucht, kann als Vorbote seines Zusammenbruches verstanden werden, der sich in diesem Spätwerk ankündigt.

Der Bruch mit der philosophischen Tradition: Nietzsches Vernunft- und Moralkritik

> »Der Mensch, eingesperrt in einen
> eisernen Käfig von Irrthümern [...]«
> *Aus dem Nachlaß der achtziger Jahre*

Nietzsches Kritik am Subjektmythos der traditionellen Substanzphilosophie

Verhielt Kant noch im Zeichen der Befürchtung, das Subjekt werde sich als etwas primär Vielfältiges erweisen – man vergleiche hierzu seine Beschwörung des »vielfärbigen« Ich –, so ist für Nietzsche, der hierin Humes fundamentalem Zweifel an der integralen Natur des Ich als einheitsstiftendem Bezugspunkt unserer Bewußtseinsepisoden folgt, das Ich als »eine perspektivische Illusion« lediglich grundloser Schein, spezielle Projektion einer grammatischen Kategorie.

> »*Subjekt*: das ist die Terminologie unsres Glaubens an eine *Einheit* unter allen den verschiedenen Momenten höchsten Realitätsgefühls: wir verstehn diesen Glauben als *Wirkung* Einer Ursache, – wir glauben an unseren Glauben so weit, daß wir um seinetwillen die ›Wahrheit‹, ›Wirklichkeit‹, ›Substanzialität‹ überhaupt imaginiren. ›Subjekt‹ ist die Fiktion, als ob viele *gleiche* Zustände an uns die Wirkung Eines Substrats wären: aber *wir* haben erst die ›Gleichheit‹ dieser Zustände geschaffen; das Gleich*setzen* und Zurecht*machen* derselben ist der *Thatbestand*, *nicht* die Gleichheit (– diese ist vielmehr zu *leugnen* –) [...].« (XII, 465)

Die Auflösung des Subjekts in seiner synthetisch erzeugten Einheit führt zu einer Dezentrierung des »sogenannten Ich«, wenn sich das Subjekt als Fiktion erweist; damit ist der alte Philosophenglaube an substantielle Einheit »zur Fabel geworden«. Das Ich als nur noch im begrifflichen Terminus festgehaltene Einheit verbirgt durch diese seine verworrene »Vielheit«, seine primäre Pluralität. Dies hat zur Folge, daß das Ich im Prozeß analytischer Selbstreflexion nur mehr der vielsagende Ausdruck für einen sich selbst unverständlichen Chor flüsternder »Stimmen« ist, die undeutliche Horizontlinie in der widersprüchlichen Einheit sich wechselseitig aufhebender Perspektiven oder – um das von Nietzsche selbst bevorzugte philologische Paradigma aus dem Zweiten Buch der *Morgenröthe* zu zitieren – »ein mehr oder weniger phantastischer Kommentar über einen ungewußten, vielleicht unwißbaren Text«. Damit ist der Psychoanalyse Sigmund Freuds bereits das entscheidende Motto vorgegeben.

Für Nietzsche ist das Ich nicht mehr (wie noch für Kant) die transzendentale Bedingung der Einheit der Welterfahrung, sondern nur der oszillierende Leucht-»Punkt« im Kräftefeld der Triebimpulse des Leibes. Die Auflösung des Erfahrungsgeschehens in ein subjektloses Leistungsgeschehen zeitigt einen Zerfall der substantiellen Einheit der Welt in »Willenspunktuationen«, die im Rahmen perspektivischer Entfaltung fiktional geschlossene, selbstbezügliche Welten des Imaginären bilden, innerhalb der die Subjekte selbst nicht mehr sind als »Bilder und künstlerische Projektionen« – eine die moderne Literatur faszinierende »Theorie«. Nietzsches weniger der Ideologiekritik als vielmehr der »Archäologie« verpflichtete Rekonstruktion geschichtlicher Sprach- und Erkenntnisstrukturen gewinnt ihre genuine Einsicht daraus, daß der Grund der Innenwelt des Ich ein Abgrund ist. »Hinter jeder Höhle« des Inneren liegt »noch eine viel tiefere Höhle«, »ein Abgrund hinter jedem Grunde, unter jeder Begründung«, schreibt Nietzsche im Neunten Hauptstück von *Jenseits von Gut und Böse.*

Den analytischen Gehalt dieser Situation kennzeichnet als Ursprungsmetapher das »Labyrinth«. In seiner unüberschaubaren Weite scheitert Nietzsche, wenn sein kritisches Unterfangen einer »Arbeit der Tiefe« seinen »freien Geist« vor das Schreckensbild des »Minotaurus« bringt, der ihn zerreißt.

Auf der fiktiven Substantialität des Ich beruht für Nietzsche auch »das Grundmodell der fiktionalen Seinsvorstellung« (E. Fink). Erscheinen auf der Bühne des menschlichen Bewußtseins Erfahrungsinhalte nur als Quidproquo einer grundsätzlich unerfahrbaren »Wirklichkeit«, so führt das Fehlen der Entsprechung von Ich und Welt, das sich im Zirkel von Täuschung und Getäuschtwerden zum lebenserhaltenden Betrug menschlichen In-der-Welt-Seins verschließt, zuletzt zum Widerruf der Selbstidentität des Denkens als Vorbedingung allen Wissens. Nietzsches Kritik richtet sich – Kants transzendentale Theorie vor Augen – gegen die angenommene strukturelle Konstanz des Erkenntnisvermögens. Die Diskontinuität des menschlichen Bewußtseins vermag die innere Kontinuität der Dinge niemals zu erfassen. Die »Ordnung« des Denkens erweist sich somit als eine vom Identitätsdenken des Subjekts produzierte »Unordnung«.

Die Dialektik von Wesen und Erscheinung, Sein und Werden, Vernunft und Unvernunft

Nietzsches Kritik an der »logischen Scheinbarkeit« der Vernunft führt bis zu der äußersten Grenze der Selbstauflösung rationalisierter Realität in den labyrinthischen Perspektivismus einer Fiktions- und Spiegelwelt, wenn infolge der Auflösung der »Mythologie« des Subjektbegriffs nur noch »Grade des Seienden«,

»Stufen der Scheinbarkeit, hellere und dunklere Schatten des Scheins« übrigbleiben – nicht mehr »Wahrheiten«, sondern nur noch »Deutungen« als diskontinuierliche »Horizontlinien der Erkenntnis«.

Im Nachlaß der achtziger Jahre heißt es: »Hat man begriffen, daß das ›Subjekt‹ nichts ist, was *wirkt*, sondern nur eine Fiktion, so folgt Vielerlei. [...] Glauben wir nicht mehr an das *wirkende* Subjekt, so fällt auch der Glaube an *wirkende* Dinge, an Wechselwirkung, Ursache und Wirkung zwischen jenen Phänomenen, die wir Dinge nennen. [...] Es fällt endlich auch das ›*Ding an sich*‹: weil dies im Grunde die Conception eines ›Subjekts an sich‹ ist. [...] Der Gegensatz ›Ding an sich‹ und ›Erscheinung‹ ist unhaltbar, damit aber fällt auch der Begriff ›*Erscheinung*‹ dahin.« (XII, 383 f.)

In ontologischer Hinsicht entspricht diesem erkenntniskritischen Ergebnis der Vorrang des Werdens vor dem Sein – eines Werdens allerdings, das im Gegensatz zur statuarischen Metaphysik der von Nietzsche in Frage gestellten platonischen Tradition nicht als ein innerweltlicher Prozeß gedeutet wird, den unsere Erkenntnis abbilden könnte, sondern als ebenso unbegreifliche wie unerschöpfliche Werdestruktur von Sein jenseits des klassischen Gegensatzes von Ich und Welt.

Nietzsches Zerstörung der Seins-Metaphysik und seine aus ihr resultierende Lehre vom universalen Schein verabschiedet »drei die abendländische Tradition bestimmende Variationen der Metaphysik« (G. Abel): den platonistischen Begriffsrealismus, den dogmatischen Idealismus als Vorstellung eines transzendenten »Gegebenseins« geistiger Objekte sowie den am Modell des transzendentalen Selbstbewußtseins orientierten neuzeitlichen Subjektivismus. Die traditionelle Gegenüberstellung von Welt und Mensch löst sich auf, wenn »Welt« das »Gesamtspiel« der Wille-zur-Macht-Prozesse ist: eine »Aneinanderfädelung« fortwährender Interpretations- und »Zeichenketten«. Ferner löst sich der Gegensatz von Sein und Schein auf, wenn es nur mehr »Stufen der Scheinbarkeit« gibt. Wichtig ist zu sehen, inwiefern die Dialektik von Wesen und Erscheinung, die Nietzsche in der Grundthese »Alles ist Schein« auflöst, auf die *Geburt der Tragödie* zurückweist. Dort ist »Dionysos als Weltverwandlung« der »Grund« des Aufscheinens des Weltbestandes. Doch bleibt im heiteren Lächeln des Gottes die Zweideutigkeit des Rätsels unaufgelöst: Ist Dionysos selbst Schein oder das andere des Scheins?

Verkehrt für Nietzsche das Denken die Bewegung des Werdens, indem es sie in der Schematik begrifflicher Ordnungen stillzulegen versucht, so ist dieses Denken Ausdruck eines Unwirklichen, dessen Schein verhüllt, was auf dem scheinlosen Grund des Lebens vor sich geht. Die destruktive Energie, mit der Nietzsche seine Kritik an der abendländischen Prinzipienmetaphysik betreibt, wird zum Vehikel seiner Intuition, die sich zu den finsteren Wurzeln des vom okzidentalen Denken verdrängten Weltgrundes vortastet. Der »unterirdische Ernst«, der seiner »Arbeit der Tiefe« die ihr eigentümliche, irritierende Heiterkeit verleiht, läuft auf eine universale Verdächtigung eines vollkommen um rationale Erkenntnis bemühten Daseins hinaus. Ihm wird eine »dionysische Weisheit« entgegengehalten, deren »Wahrheiten« blitzhafte Aufhellungen, aber keine objektivierbaren Erkenntnisse sind. Die Zerstörung der abendländischen Denktradition wird für Nietzsche zugleich zur Chiffrierung eines Prozesses, der das in tradierten Denkformen und Wertnormen erstarrte Dasein in das Werden eines heraklitischen Weltspiels zurücknimmt.

»Gegen den Positivismus, welcher bei dem Phänomen stehen bleibt ›es gibt nur *Thatsachen*‹, würde ich sagen: nein, gerade Thatsachen giebt es nicht, nur Interpretationen. Wir können kein Faktum ›an sich‹ feststellen [...]. ›Es ist alles *subjektiv*‹ sagt ihr:

aber schon das ist *Auslegung*, das ›Subjekt‹ ist nichts Gegebenes, sondern etwas Hinzu-Erdichtetes [...] die Welt [...] hat keinen Sinn hinter sich, sondern unzählige Sinne ›Perspektivismus‹.« (XII, 315)

Der Wille zur Macht als stetig sich wandelnde Organisation von Machtquanten: Diese sich ewig zusammenfügenden, ewig auseinandertretenden »Vielheiten« bilden im Hinblick auf den »Gesammt-Charakter des Lebens, als dem in allem Wechsel Gleichen, Gleich-Mächtigen, Gleich-Seligen« (XIII, 224), das in sich selbst bewegte Spiel der Welt, wie es die berühmte, die Leitbegriffe »Dionysos«, »ewige Wiederkehr des Gleichen« und »Wille zur Macht« zusammenschließende Aufzeichnung aus dem Sommer 1885 als »ein Meer in sich selber stürmender und fluthender Kräfte, ewig sich wandelnd, ewig zurücklaufend« (XI, 610) in der dionysischen Sprache rhythmischer Bewegtheit wiederzugeben versucht.

Es ist nunmehr Nietzsches grundlegende Intention, das Auge nicht nur auf diese bewegte Oberfläche der die *eine* Welt bildenden Vielheit der Machtwillen zu richten, vielmehr will er noch unterhalb ihrer Strömung das Geflecht jener organisierenden Faktoren anvisieren, zu deren Wirkungsbereich auch der Mensch gehört, eine freilich in ihrer Selbstkonstitution bereits undurchschaubar verwickelte Komplexion von Machtquanten.

Wie dargelegt, bilden Welt und Mensch schon für den frühen Nietzsche eine Konstitution, die sich aus der Duplizität des Apollinischen und des Dionysischen erklärt; in der für sein Spätwerk so bezeichnenden Durchdringung von abstrakter Begrifflichkeit und metaphorischer Veranschaulichung konzipiert er diesen Tatbestand als agonistisches Drama von Aufstieg und Verfall. Als Rollenträger erscheinen im Medium einer über den Anthropomorphismus der Sprache hinaus gesteigerten Abstraktion »Willens-Punktuationen« und »Machtquanten« mit relativer Dauer. Welt und Mensch sind keine festen Größen, sondern »unbestimmt fließende Linien in einem strömenden Fluß« (W. Stegmaier). Ist »der interpretative Charakter alles Geschehens« (XII, 38) unaufhebbar *perspektivischer* Natur und ist damit zugleich der Charakter der Scheinbarkeit gesetzt, so zeigt sich das innere Begründungsverhältnis von Interpretation, Perspektivität und Scheinbarkeit als ein in sich geschlossenes. Die Welt ist folglich nicht mehr von ihrer Auslegung unterscheidbar, sie ist ausschließlich Auslegungsgeschehen. Folge davon ist das irreversible Dahinschwinden eines metaphysischen Seinsverständnisses, in dem »Sein« als ein unwandelbar in sich Gefügtes in der Verschränkung von unbedingtem Grund, Substanz, Vernunft und Telos gedacht wird. Weiterhin wird die Wirklichkeit umfassend ästhetisiert und als Illusionszusammenhang begriffen. Wahrheit wird dem Geschehen immanent.

Für den zum Ganzen der Welt gehörenden Menschen erweist sich dessen Selbstkonstitution im Sinne personaler Einheit als Fiktion. Als das Zusammenspiel einer »Vielheit von ›Willen zur Macht‹« (XII, 25) ist er für Nietzsche ein wesentlich durch diese Vielheit determiniertes interpretatives Geschehen. Dadurch wird die traditionelle Selbstgewißheit des Menschen aufgelöst, der sich, besonders in der christlichen Tradition, als eine unzerstörbare Einheit wußte, heilsgeschichtlich aufgehoben in der transzendenten Beziehung auf Gott. An ihre Stelle tritt eine prinzipiell dissonante Polyphonie von »Kräften«, die aber nicht nur als unter- oder unbewußt im psychologischen Sinne bestimmt werden dürfen, da sie dem komplexen Bereich des Organischen wesensverwandt sind. Man kann geradezu sagen: Der in dem philosophischen Denken der griechischen Klassik, des christlichen Mittelalters und der neuzeitlichen Subjektivitätsphilosophie in verschiedener Weise spekulativ gefestigte Unterschied von Innen- und Außenwelt löst sich bei Nietzsche mit systematischer Konsequenz auf.

Wenn Nietzsche die geschichtlichen Erscheinungsformen des Geistes in einer unauslotbaren Tiefenschicht der Physis fundiert sein läßt und somit die Autonomie der höheren Regionen entwurzelt, indem er dem Bewußtseinsgeschehen einen gleichsam chthonischen Zug verleiht, so beginnen andererseits die allem reflektierenden Denken voraus- und zugrundeliegenden Tiefenschichten ihre Stummheit zu verlieren und in der Sprache einer ihnen eigentümlichen »Vernunft« zu sprechen. Es ist dies jedoch keine logozentrische Vernunft, sondern als »große Vernunft« eine in dem jeweiligen Selbstsein der Machtzentren spezifisch fundierte Vernunft- und Kommunikationsfähigkeit, die sich des Geistes als Werkzeug und Spielzeug bedient.

An dieser Stelle seines versuchenden Denkens hat Nietzsche nicht nur eine wesentliche Thematik der literarischen Moderne mit ihrer ästhetisch geschärften Aufmerksamkeit für das dicht unterhalb der lichten Oberfläche des Lebens liegende dunkle Reich »kleinster Elemente« angesprochen. Er hat dabei auch einen Grundgedanken der Natur- und Kulturwissenschaft des 20. Jahrhunderts intuitiv skizziert, wenn er an die Stelle des Kausalmechanismus Austausch- und Informationsprozesse setzt, die sich entsprechend der Organisationshöhe des Geschehens charakteristisch abwandeln. Die Einheit der Zelle, als der kleinsten Figuration von Leben, die Einheit des Leibes und die Einheit der Person hängen jeweils von der Wahl einer theoretischen Perspektive ab, da die drei Einheits*typen* sich einer auflösenden Betrachtung stets als pluralistisches Instanzengefüge darstellen. Was von einer integrativen, höheren Perspektive aus als Einheit erscheint, gibt sich in der Tiefenperspektive als eine in sich bewegte organisierte Vielheit zu erkennen. Einheitssetzung stellt sich somit als ein spezifisch menschliches Interpretations- oder Machtgeschehen dar. Jedoch gilt für den in dieser Einheitssetzung sich seiner selbst bewußt gewordenen Geist, daß er zwar herrscht, aber nicht regiert, da er seine Wurzel in der ihm überlegenen Herrschaftsordnung der Affekte und ihrer Perspektiven »in der Tiefe« besitzt, d.h. unterhalb der Schwelle des intellektuellen Bewußtseins. So heißt es in einer längeren Aufzeichnung Nietzsches aus dem Jahr 1885: »[...] daß bei allem Denken eine Vielheit von Personen betheiligt scheint –: dies ist nicht gar zu leicht zu beobachten, wir sind im Grunde umgekehrt geschult, nämlich beim Denken nicht an's Denken zu denken. Der Ursprung des Gedankens bleibt verborgen; die Wahrscheinlichkeit dafür ist groß, daß er nur das Symptom eines viel umfänglicheren Zustandes ist [...].« (XI, 595 f.)

Für die Auffassung der menschlichen Subjektivität hat diese Beobachtung zur Folge, daß sie als nur mehr relative Einheit ihre innere Pluralität verdeckt. So wird gerade die einheitsstiftende Leistung des menschlichen Bewußtseins von Nietzsche auf ein ihr zugrundeliegendes und die jeweiligen Bewußtseinsinhalte fundierendes Geschehen eines »Spieles und Kampfes der Affekte« zurückgeführt, denn: »Alles, was in Bewußtsein tritt, ist das letzte Glied einer Kette [...]. Das eigentlich verknüpfte Geschehen spielt sich ab unterhalb unseres Bewußtseins [...]. Unter jedem Gedanken steckt ein Affekt. *Jeder Gedanke* [...] ist ein *Gesamtzustand*, eine ganze Oberfläche des ganzen Bewußtseins und resultirt aus der augenblicklichen Macht-Feststellung *aller* der uns constituirenden Triebe [...].« (XII, 26)

Auch das uns als Einheit erscheinende Phänomen des Leibes ist ein Geflecht und »Organisations-Spiel« sich fortwährend verschiebender Wille-zur-Macht- und Interpretationskomplexe. In einer Aufzeichnung Nietzsches aus dem Sommer 1885, die unsere »Subjekt-Einheit« auf das leibliche Geschehen ausweitet und die befestigte Grenze zwischen dem »Regenten«, der Vernunft des Ich-Bewußtseins, und den »Untertanen« seines Gemeinwesens, kleinsten organischen Wesen, einebnet, heißt es, daß wir »überall, wo wir Bewegung im Leibe sehen oder errathen, wie auf ein zugehöriges [...] unsichtbares Leben hinzuschließen lernen« (XI, 639) sollten. In diesem »unsichtbaren Leben« bilden kleinste »Wesen« als »feine Verbindungs- und Vermittlungs-Systeme« jeweilige »Herrschafts-Zentren«, die sich gegenseitig interpretieren, insofern sie in jeweils sich verändernden Beziehungen »befehlen« oder »gehorchen«. Angesichts der bei Nietzsche vorliegenden Intuition hinsichtlich eines geheimen, interpretativen Leibgeschehens ist man versucht zu fragen: Geben jene im organischen Prozeß hausenden Wesen, »von deren Zusammenwirken das, was wir ›Leib‹ nennen, das beste Gleichniß ist« (XI, 577), in einer »fremden Sprache« die vielleicht entscheidenden »Kommandos« – etwa zur Selbstzerstörung des Leiborganismus? Muß die Antwort hinsichtlich des Problems eines thanatologischen Geschehens auf dem Grunde der Natur Vermutung bleiben, so zeigt sich darin, daß die Einheit des menschlichen Subjekts eine sich dynamisch wandelnde Vielheit von relativer Dauer ist, wie sehr »unser Leben wie jegliches Leben zugleich ein fortwährendes Sterben ist« (XI, 577).

Bereits aus diesen hier vorgetragenen Grundzügen eines Interpretationsgeschehens im biologisch-anthropologischen Bereich dürfte deutlich geworden sein, wie tief Nietzsche den Menschen in das Wirkungsgeflecht der Natur eingebunden sieht. Als »interpretierte Interpretation« vermag der Mensch, dieser »regierte Regent«, Klarheit hinsichtlich seiner Selbstkonstitution über die Leistung der eigenen Daseinsauslegung nicht mehr zu gewinnen. Selbst Wille zur Macht, bleibt er im Hinblick auf die restlos nie aufzuhellende Durchdringung des ihn begründenden Grundes »ohnmächtiger Wille zur Macht« (W. Müller-Lauter). Dies hat zur Folge, daß das traditionelle Verständnis von Interpretation als konstitutive Leistung des menschlichen Subjekts hinfällig zu werden droht; bei Nietzsche ist das Subjekt in seinen wechselnden

Zuständen weit eher eine ephemere Resultante des Interpretationsgeschehens des Willens zur Macht.

Kontrovers bleibt die Frage, ob die »Subjektivität« der Welt eine wesentlich anthropomorphe oder – wie bereits von Karl Löwith ins Gespräch gebracht – eine mundane, d.h. weltimmanente ist. Ich lasse die Frage unentschieden – Nietzsche selbst scheint zwischen beiden Positionen zu wechseln. Kaum in Zweifel ziehen kann man jedoch, daß in Nietzsches ihrer programmatischen Intention zufolge so radikalen Desubjektivierung des Weltgeschehens eine residuale Anthropozentrik unaufgehoben zu bleiben scheint, insofern als das grandiose Phänomen der Macht repräsentative Züge des *menschlichen* Machtwillens beibehält.

Nietzsches analytische Reduktion der Welt moralischer Wertungen

Nietzsches Moralkritik intendiert mittels einer hinterfragenden Symptomatologie die Aufdeckung der in aller überlieferten Begründung der Moral verborgenen Täuschung. Die blendenden »Prunkworte« der Moral werden in Nietzsches »Schule des Verdachts« entzaubert, sobald die ihnen zugrundeliegende »Zeichensprache der Affekte« lesbar wird. Mit Hilfe einer triebpsychologisch-soziologischen Analyse der Moralbegriffe, die in der französischen Aufklärung bereits Mandeville (1670-1733) und Helvétius (1715-1771) eingeleitet hatten, erkundet Nietzsche die dunklen Seiten in der Prachtausgabe der Moral. Die gesellschaftlich vermittelten Regelsysteme der Moral sind für ihn durch eine Institutionalisierung von Wertsystemen bestimmt, die wiederum auf der Triebstruktur jeweiliger Herrschaftsinteressen basieren.

»Die *moralisch*e Welt-Betrachtung. Die socialen Rangordnungs-Gefühle werden ins Universum verlegt: die Unverrück-barkeit, das Gesetz, die Einordnung und Gleichordnung werden, weil am höchsten geschätzt, auch an der höchsten Stelle *gesucht*, über dem All, oder hinter dem All [...].« (XII, 257)

Der von den jeweiligen moralischen Symbolsystemen prätendierte universale wie überzeitliche Geltungsanspruch menschlicher Wertschätzungen verschleiert, daß es keine Sphäre einer »wahren« Welt moralischer Ideen gibt – in der Terminologie Nietzsches: daß es keine moralischen Phänomene »an sich« gibt –, sondern immer nur jeweilige »Symptome« einer bestimmten Artung »des als Wille zur Macht sich selbst auslegenden Lebens« (H. Fahrenbach). *»Mein Hauptsatz: es giebt keine moralischen Phänomene, sondern nur eine moralische Interpretation dieser Phänomene. Diese Interpretation selbst ist außermoralischen Ursprungs.«* (XII, 149)

Der Bewährung dieses »Hauptsatzes« von Nietzsches Moralkritik dienen drei methodische Aspekte: 1. die psychologische bzw. physiologische Reduktion der »moralischen« Phänomene, 2. ihre historisch-genealogische Relativierung und 3. die »Einordnung« der Moral in die »Perspektiven-Optik« des Lebens.

In der moralkritischen Reflexion, wie sie Nietzsche unablässig betreibt, wird der falsche Schein der Ewigkeit und Autonomie moralischer Ge- und Verbote destruiert. Freigelegt wird der ihm zugrundeliegende Lebenszusammenhang aus Gewalt und Versagung, dessen »Ausdruck« die Regelsysteme der Moral sind. All unser Denken und Wertschätzen ist nur der maskierte »Ausdruck für dahinter waltende Begehrungen«: »Hinter dem Bewußtsein arbeiten die *Triebe*.« (XI, 621)

Das heißt: In der von Nietzsche betriebenen Archäologie des Lebens wird alles, was sich als »schön«, »wahr«, »gut« und »gerecht« ausgibt, durch den Verdacht untergraben, daß seine Herkunft außermoralischen Ursprungs sei. Demnach müssen alle moralischen Urteile und Ideale auf jene »Verschiebungen« und »Umdrehungen« wie auch auf jene »Zwangsmittel« hin untersucht werden, die zu ihrer Genesis wie auch zu ihrer Geltung geführt haben, zu jenem »heuchlerischen Anschein, mit dem alle *bürgerlichen Ordnungen* übertüncht sind, wie als ob sie *Ausgeburten der Moralität* wären ... z. B. die Ehe; die Arbeit; der Beruf; das Vaterland; die Familie; die Ordnung; das Recht« (XII, 505).

Es ist Nietzsches zentrale Einsicht in bezug auf das »Fälschungssystem« der Moral und die »Zwangsschule des moralischen Irrtums«, daß Moral, die sich gegen amoralische Natur setzt, das von ihr verdrängte amoralische Naturgrauen noch in ihren sublimsten Formen reproduziert, vornehmlich im Dressurakt menschlicher Sozialisation: »Die Moral ist eine Menagerie; ihre Voraussetzung, daß eiserne Stäbe nützlicher sein können als Freiheit, selbst für den Eingefangenen; ihre andere Voraussetzung, daß es Thierbändiger giebt, die sich vor furchtbaren Mitteln nicht fürchten, – die glühende Eisen zu handhaben wissen.« (XIII, 453)

Moral als »tierhaftes« Phänomen zeigt die »ökonomischen Formen des Tierreichs« (F. Engels) als jene atavistischen Muster, deren repressive Funktion Nietzsche an der organisierten »gesellschaftlichen Moral« nachzuweisen versucht. In diesem Zusammenhang erweisen sich Verdrängung und Sublimierung als die beiden konstitutiven Faktoren der Genese moralischer »Systeme«.

Für das Verständnis der Moralkritik Nietzsches ist es wichtig zu sehen, inwiefern sich diese Kritik mit seinen erkenntnis- und sprachkritischen, aber auch biologischen Reflexionen verschränkt. Moral ist für Nietzsche nicht nur ein Regelsystem ethischer Verhaltensweisen, sondern auch ein Erklärungsmodell, dessen Funktion für ihn darin besteht, der latenten Bedrohung durch den Anspruch innerer wie äußerer fremder »Realität« zu begegnen. Durch Rückführung von Unbekanntem auf Bekanntes wird die »innere Welt [...] voller Trugbilder und Irrlichter« in Erklärungsmuster der nach den Regeln des sozialen Verkehrs gebildeten, moralischen Hypothesen gebannt. Aus der »Zeit der rudimentären Formen«, wie sie das »grobe Fetischwesen« animistischer Denkweisen repräsentiert, stammen die Zentralbegriffe »Subjekt«, »Ding-Welt«, »Kausalität«. Die »Tatsachen« des moralischen Bewußtseins stellen daher für Nietzsche »Posthoc«-Erklärungen zu den meist unbewußt »unangenehmen Allgemeingefühlen« dar, zu »Unlustreizen«, denen durch Sublimierung im Abwehrvorgang etwas von ihrer »Peinlichkeit« genommen wird.

Der Aufweis der physiologischen Konditionierung des Denkens durch eine phylogenetisch orientierte Betrachtung verbindet eine Rückübersetzung moralischer Grundfiktionen mit einem »Phänomenalismus und Perspektivismus«, der als die »extremste Form des Nihilismus« weiß, daß »alle Voraussetzungen der bestehenden ›Ordnung‹ widerlegt« sind: »Der Nihilismus erscheint jetzt, *nicht* weil die Unlust am Dasein größer wäre als früher, sondern weil man überhaupt gegen einen ›Sinn‹ im Übel, ja im Dasein mißtrauisch geworden ist. *Eine* Interpretation gieng zu Grunde; weil sie aber als *die* Interpretation galt, erscheint es, als ob es gar keinen Sinn im Dasein gebe, als ob alles *umsonst* sei.« (XII, 212)

Nietzsche ist jedoch keineswegs der zügellose Immoralist, als den ihn die »Nietzsche-Legende« stilisiert. Vielmehr ist er gerade in seiner Kritik aller herkömmlichen Moral immer noch einer der strengsten Moralisten, insofern sich in seinen Analysen die Scheinhaftigkeit der Moral als System eines gigantischen Falschmünzertums im gesellschaftlichen Leben erweist.

Nietzsches Sinnverständnis seiner Moralkritik ist es, daß die Kritik der Moralität selbst eine »hohe Stufe« der Moralität ist.

So soll der moralische Wille durch die »immanente« »Steigerungsbewegung des Lebens« (H. Fahrenbach) als die stets sich selbst überwindende Bewegung des Über-sich-hinaus-Schaffens des Willens zur Macht wirksam werden. So gesehen, entspricht Nietzsches Moralkritik dem Ausbruch des Menschen aus dem destruktiven Zwang des »Du sollst« in die Freiheit des »Ich will«. Sie begründet ein versuchendes Denken, das – in der Umwertung aller Werte auf die umgreifende Struktur des Lebens – den Willen zur Macht als den Ursprung *aller* moralischen Setzungen begreift.

Der europäische Nihilismus – ein langer Schatten des toten Gottes

»Stürzen wir nicht fortwährend?«

Nietzsches Rede vom »Tod« Gottes

Zu Beginn des im Herbst 1886 in der Nähe von Genua entstandenen Fünften und letzten Buches seiner *Fröhlichen Wissenschaft* sieht Nietzsche, knapp zwei Jahre vor seinem geistigen Zusammenbruch in Turin, »das grösste neuere Ereigniss, – dass ›Gott todt ist‹«, im Kontext einer »ungeheuren Logik von Schrecken«, durch die der Prozeß einer für ihn schon zur Gegenwart gewordenen zukünftigen Geschichte bestimmt ist. (III, 573) Das Wort »Gott ist todt«[20] hat Nietzsche zum ersten Mal 1882 im Dritten Buch der *Fröhlichen Wissenschaft* dem »tollen Menschen« in den Mund gelegt, in einer Rede, deren schreckbildhafte Kraft sie zum zentralen Text des neuzeitlichen Atheismus werden läßt:

»*Der tolle Mensch.* – Habt ihr nicht von jenem tollen Menschen gehört, der am hellen Vormittage eine Laterne anzündete, auf den Markt lief und unaufhörlich schrie: ›Ich suche Gott! Ich suche Gott!‹ – Da dort gerade Viele von Denen zusammen standen, welche nicht an Gott glaubten, so erregte er ein grosses Gelächter. Ist er denn verloren gegangen? sagte der Eine. Hat er sich verlaufen wie ein Kind? sagte der Andere. Oder hält er sich versteckt? Fürchtet er sich vor uns? Ist er zu Schiff gegangen? ausgewandert? – so schrien und lachten sie durcheinander. Der tolle Mensch sprang mitten unter sie und durchbohrte sie mit seinen Blicken. ›Wohin ist Gott? rief er, ich will es euch sagen! *Wir haben ihn getödtet*, – ihr und ich! Wir Alle sind seine Mörder! Aber wie haben wir diess gemacht? Wie vermochten wir das Meer auszutrinken? Wer gab uns den Schwamm, um den ganzen Horizont wegzuwischen? Was thaten wir, als wir diese Erde von ihrer Sonne losketteten? Wohin bewegt sie sich nun? Wohin bewegen wir uns? Fort von allen Sonnen? Stürzen wir nicht fortwährend? Und rückwärts, seitwärts, vorwärts, nach allen Seiten? Giebt es noch ein Oben und ein Unten? Irren wir nicht wie durch ein unendliches Nichts? Haucht uns nicht der leere Raum an? Ist es nicht kälter geworden? Kommt nicht immerfort die Nacht und mehr Nacht? Müssen nicht Laternen am Vormittage angezündet werden? Hören wir noch Nichts von dem Lärm der Todtengräber, welche Gott begraben? Riechen wir noch Nichts von der göttlichen Verwesung? – auch Götter verwesen! Gott ist todt! Gott bleibt todt! Und wir haben ihn getödtet! Wie trösten wir uns, die Mörder aller Mörder? Das Heiligste und Mächtigste, was die Welt bisher besass, es ist unter unseren Messern verblutet, – wer wischt diess Blut von uns ab? Mit welchem Wasser könnten wir uns reinigen? Welche Sühnfeiern, welche heiligen Spiele werden wir erfinden müssen? Ist nicht die Grösse dieser That zu gross für uns? Müssen wir nicht selber zu Göttern werden, um nur ihrer würdig zu erscheinen? Es gab nie eine grössere That, – und wer nur immer nach uns geboren wird, gehört um dieser That willen in eine höhere Geschichte, als alle Geschichte bisher war!‹ – Hier schwieg der tolle Mensch und sah wieder seine Zuhörer an: auch sie schwiegen und blickten befremdet auf ihn. Endlich warf er seine Laterne auf den Boden, dass sie in Stücke sprang und erlosch. ›Ich komme zu früh, sagte er dann, ich bin noch nicht an der Zeit. Diess ungeheure Ereignis ist noch unterwegs und wandert, – es ist noch nicht bis zu den Ohren der Menschen gedrungen. Blitz und Donner brauchen Zeit, das Licht der Gestirne braucht Zeit, Thaten brauchen Zeit, auch nachdem sie gethan sind, um gesehen und gehört zu werden. Diese That ist ihnen immer noch ferner, als die fernsten Gestirne, – *und doch haben sie dieselbe gethan!*‹ – Man erzählt noch, dass der tolle Mensch des selbigen Tages in verschiedene Kirchen eingedrungen sei und darin sein Requiem aeternam deo angestimmt habe. Hinausgeführt und zur Rede gesetzt, habe er immer nur diess entgegnet: ›Was sind denn diese Kirchen noch, wenn sie nicht die Grüfte und Grabmäler Gottes sind?‹« (III, 480 ff.)

Der an dieser Stelle zitierte 125. Aphorismus des Dritten Buches der *Fröhlichen Wissenschaft* ist nicht nur der zentrale Text des Atheismus, sondern auch der zentrale geschichtsphilosophische Text des 20. Jahrhunderts, insofern es bei der »Verkündigung« des Todes Gottes durch den »tollen Menschen« (Nietzsche) nicht primär um die philosophische Frage geht, »ob eine Theorie über einen Gott genannten absoluten Gegenstand möglich ist oder nicht« (G. Rohrmoser), sondern um den »Inbegriff der Furchtbarkeit« (P. Köster): die Tat der Tötung Gottes.

In seiner Interpretation von Nietzsches Wort »Gott ist todt« schreibt Martin Heidegger: »Was vormals in der Weise von Ziel und Maß das Menschenwesen bedingte und bestimmte, hat seine unbedingte und unmittelbare und vor allem überallhin unfehlbar wirksame Wirkungsmacht eingebüßt. Jene übersinnliche Welt der Ziele und Maße erweckt und trägt das Leben nicht mehr. [...] Der übersinnliche Grund der übersinnlichen Welt ist, als die wirksame Wirklichkeit alles Wirklichen gedacht, unwirklich geworden. Das ist der metaphysische Sinn des metaphysisch gedachten Wortes ›Gott ist todt‹.« [21]

Die von Nietzsche dem gottheitlichen Wesen zugeordneten metaphorischen Bestimmungen sind: das Meer, der Horizont und die Sonne:

»Mit dem Bild der Sonne geht Nietzsche auf das Sonnengleichnis in der Platonischen Philosophie zurück. Hier steht die Sonne für die Idee des Guten. Die Sonne oder die Idee des Guten ist der Grund, von dem her alles Seiende sein Sein hat, im Sein gehalten wird und von dem her es erkannt wird. Wenn Nietzsche und wir alle heute [...] davon ausgehen, daß es diesen Gott nicht mehr gibt, dann bedeutet das: es gibt kein Sein, und es gibt keine Wahrheit. Dann haben Sein und Wahrheit keinen Grund, und es gibt daher keinen Grund für eine mögliche Einheit von Wahrheit und Sein. Sein ist dann nicht wahr, und die Wahrheit ist dann nicht. Nietzsche hat in seinem Denken nichts anderes zu denken versucht als das, was gedacht werden muß, wenn es Gott als den Grund von Wahrheit und Sein nicht mehr geben soll.

Was bedeutet nun das Bild des Horizontes? Auch das können wir uns am besten verdeutlichen mit Hilfe der Platonischen Kategorie von ›Peras‹, also dem, was Platon unter Grenze versteht. Das Prinzip, auf dessen Grund der Mensch sich selbst und seine Welt als Gestalt apperzipieren konnte, [...] das kann [...] es nicht mehr geben, wenn es den Horizont, der alles Seiende in seinem ihm eigenen Umriß einschließt und von allem anderen Seienden zugleich abgrenzt, nicht mehr gibt. Und schließlich wie das Meer unendlich, unausschöpfbar ist, so ist das unter der Metapher des Meeres gedachte Sein Gottes unerschöpflich.«[22]

Fassen wir zusammen:
– Das *Austrinken des Meeres* bedeutet, die furchtbare und schweigende Unendlichkeit Gottes in die Endlichkeit des menschlichen Daseins hineinzunehmen. Im Austrinken verneint der Mensch das Meer, insofern es den zu tötenden Gott symbolisiert.
– Das *Wegwischen des Horizonts* bedeutet die Verneinung aller durch Begrenzung ermöglichten Bedingungen des Lebendigen.
– Das *Losketten der Erde von ihrer Sonne* bedeutet den Entzug des Inbegriffs aller Lebensbedingungen und den Sturz in immer kältere und tiefere Finsternisse.

Die durch den Tod Gottes bestimmte geschichtliche Tendenz der menschlichen Existenz wird von Nietzsche als rein negative Transzendenz unter das Bild des Sturzes gestellt: »Stürzen wir nicht fortwährend? Und rückwärts, seitwärts, vorwärts, nach allen Seiten? Gibt es noch ein Oben und ein Unten? Irren wir nicht wie durch ein unendliches Nichts? Haucht uns nicht der leere Raum an? Ist es nicht kälter geworden? Kommt nicht immerfort die Nacht und mehr Nacht?« (III, 481)

Dem Tod Gottes als Selbstauflösung der Einheit von Wahrheit und Sein korrespondiert als Bildelement die Zerstörung des

Lichtes [23]: »Endlich warf er seine Laterne auf den Boden, dass sie in Stücke sprang und erlosch.« Im Bild der erloschenen Laterne symbolisiert sich der Stand des Menschen in der Nacht der Gottesfinsternis.[24] Zugleich verweist das Bild der zersprungenen Laterne auf den Wahnsinn und das Irre als die einzig noch legitime Behausung des Geistes.

Ist der Tod Gottes als Ursprung des Nihilismus einerseits die das Dasein verdüsternde Belastung, so ist er aber andererseits zugleich auch die große befreiende Entlastung des Daseins, die eine neue, unbekannte Heiterkeit verheißt:

»Das grösste neuere Ereigniss, – dass ›Gott todt ist‹ [...] – beginnt bereits seine ersten Schatten über Europa zu werfen. Für die Wenigen wenigstens, deren Augen, deren *Argwohn* in den Augen stark und fein genug für dies Schauspiel ist, scheint eben irgend eine Sonne untergegangen [...]: ihnen muss unsre alte Welt täglich abendlicher, misstrauischer, fremder, ›älter‹ scheinen. In der Hauptsache aber darf man sagen: das Ereigniss selber ist viel zu gross, zu fern, zu abseits vom Fassungsvermögen Vieler, als dass auch nur seine Kunde schon *angelangt* heissen dürfte; geschweige denn, dass Viele bereits wüssten, *was* eigentlich sich damit begeben hat – und was Alles, nachdem dieser Glaube untergraben ist, nunmehr einfallen muss, weil es auf ihm gebaut, an ihn gelehnt, in ihn hineingewachsen war: zum Beispiel unsre ganze europäische Moral. Diese lange Fülle und Folge von Abbruch, Zerstörung, Untergang, Umsturz, die nun bevorsteht: wer erriethe heute schon genug davon, um den Lehrer und Vorausverkünder dieser ungeheuren Logik von Schrecken abgeben zu müssen, den Propheten einer Verdüsterung und Sonnenfinsterniss, deren Gleichen es wahrscheinlich noch nicht auf Erden gegeben hat? [...] Selbst wir geborenen Räthselrather, die wir gleichsam auf den Bergen warten, zwischen Heute und Morgen hingestellt [...], wir Erstlinge und Frühgeburten des kommenden Jahrhunderts, denen eigentlich die Schatten, welche Europa alsbald einwickeln müssen, jetzt schon zu Gesicht gekommen sein *sollten:* woran liegt es doch, dass selbst wir ohne rechte Theilnahme für diese Verdüsterung, vor Allem ohne Sorge und Furcht für *uns* ihrem Heraufkommen entgegensehn? [...] In der That, wir

Philosophen und ›freien Geister‹ fühlen uns bei der Nachricht, dass der ›alte Gott todt‹ ist, wie von einer neuen Morgenröthe angestrahlt; unser Herz strömt dabei über von Dankbarkeit, Erstaunen, Ahnung, Erwartung, – endlich erscheint uns der Horizont wieder frei, gesetzt selbst, dass er nicht hell ist, endlich dürfen unsre Schiffe wieder auslaufen, auf jede Gefahr hin auslaufen, jedes Wagniss des Erkennenden ist wieder erlaubt, das Meer, *unser* Meer liegt wieder offen da, vielleicht gab es noch niemals ein so ›offenes Meer‹.« (III, 573 f.)

Nietzsches Nihilismus-Analyse

Genealogie wie Phänomenologie der aus dem Tod Gottes und dem Zusammenbruch aller bisherigen Interpretationen moralischer Werte erwachsenden »Logik des Schreckens« besitzen ihren Grund im Begriff des Nihilismus, dessen Selbstreflexion für Nietzsche »die zu Ende gedachte Logik unserer großen Werte und Ideale« ist. Dementsprechend heißt es im *Nachlaß der achtziger Jahre*: »Nihilism: es fehlt das Ziel; es fehlt die Antwort auf das ›Warum?‹ was bedeutet Nihilism? – *daß die obersten Werthe sich entwerthen.*« (XII, 350) »Wert« ist hier »ein scharfumrissenes metaphysisches Begriffswort, das das gesamte Denken Nietzsches trägt«; denn »in den Werten werden diejenigen Bedingungen gefaßt und genannt, kraft derer das Leben lebt« (K.-H. Volkmann-Schluck). Am Ende der »Logik« der anhand dieser »obersten Werte« sich auslegenden Sinnperspektive des Lebens sieht die Welt wertlos aus. »*Eine* Interpretation gieng zu Grunde: weil sie aber als *die* Interpretation galt, erscheint es, als ob es gar keinen Sinn im Dasein gebe, als ob alles *umsonst* sei.« (XII, 212)

Ein wesentliches Dokument, in dem die Verbindung von Nihilismus, Wiederkehr des Gleichen und Wille zur Macht zum Ausdruck kommt, ist das von Mazzino Montinari und Giorgio Colli collagierte Fragment mit dem Titel *Der europäische Nihi-*

lismus vom 10. Juni 1887. Nietzsche konstatiert hier zunächst: »in Summa: Moral war das große Gegenmittel gegen den praktischen und theoretischen Nihilismus«. Die Moral jedoch hat die »Wahrhaftigkeit« herausgebildet; diese aber erkennt in der Entdeckung der »interessierten« Betrachtung von Moral deren Haltlosigkeit, und das wiederum führt zum Nihilismus als Einsicht in die grundsätzliche Sinnlosigkeit allen Geschehens.

»Daß dies ›Umsonst!‹ der Charakter unseres gegenwärtigen Nihilismus ist, bleibt nachzuweisen. Das Mißtrauen gegen unsere früheren Werthschätzungen steigert sich bis zur Frage ›sind nicht alle ›Werthe‹ Lockmittel, mit denen die Komödie sich in die Länge zieht, aber durchaus nicht einer Lösung näher kommt?‹ Die *Dauer*, mit einem ›Umsonst‹, ohne Ziel und Zweck, ist der *lähmendste* Gedanke, namentlich noch wenn man begreift, daß man gefoppt wird und doch ohne Macht ist, sich nicht foppen zu lassen.« (XII, 213)

Das Sinnlose, sich ewig wiederholend, ist die radikalste Form des Nihilismus: »Denken wir diesen Gedanken in seiner furchtbarsten Form: das Dasein, so wie es ist, ohne Sinn und Ziel, aber unvermeidlich wiederkehrend, ohne ein Finale ins Nichts: ›die ewige Wiederkehr‹. Das ist die extremste Form des Nihilismus: das Nichts (das ›Sinnlose‹) ewig!« (XII, 213)

Wenn aber der Grundcharakter des Geschehens gutgeheißen werden könnte unter der Voraussetzung, daß man den eigenen Charakterzug darin erkennen würde, so könnte man das sinnlose Wiederkehren »bejahen«. Das geschieht, wenn der am meisten gehaßte Grundcharakterzug im Leben, der Wille zur Macht, bejaht werden kann. Nun müssen auch die Schlechtweggekommenen, diejenigen, die unter dem Willen zur Macht leiden und ihn deshalb hassen, davon überzeugt werden, daß sie nicht anders als ihre Unterdrücker sind, indem in ihrem Willen zur Moral – wobei Moral in diesem Zusammenhang die Verneinung des Willens zur Macht bedeutet – doch ein Machtwille versteckt ist. Ihr Hassen ist somit Wille zur Macht. Der Terminus der »Schlechtweggekommenen« hat keinen politischen Sinn. Die Schlechtweggekommenen finden sich in allen Klassen der Gesellschaft. Die Unmöglichkeit der Moral wird jedoch wiederum Nihilismus bei den Schlechtweggekommenen erzeugen. In prophetischer Antizipation terroristischer Praxis beschreibt Nietzsche diesen »Nihilismus« als die Verbindung von Todestrieb und Ästhetizismus:

»Das *Zu-Grunde-Gehen* präsentirt sich als ein – *Sich-zu-Grunde-richten*, als ein instinktives Auslesen dessen, was *zerstören muß. Symptome* dieser Selbstzerstörung der Schlechtweggekommenen: die Selbstvivisektion, die Vergiftung, Berauschung, Romantik, vor allem die instinktive Nöthigung zu Handlungen, mit denen man die Mächtigen zu *Todfeinden* macht (– gleichsam sich seine Henker selbst züchtend), der *Wille zur Zerstörung* als Wille eines noch tieferen Instinkts, des Instinkts der Selbstzerstörung, des *Willens ins Nichts.*

Nihilismus, als Symptom davon, daß die Schlechtweggekommenen keinen Trost mehr haben: daß sie zerstören, um zerstört zu werden, daß sie, von der Moral abgelöst, keinen Grund mehr haben, ›sich zu ergeben‹ – daß sie sich auf den Boden des entgegengesetzten Princips stellen und auch ihrerseits *Macht wollen*, indem sie die Mächtigen *zwingen*, ihre Henker zu sein. Dies ist die europäische Form des Buddhismus, das *Nein-tun*, nachdem alles Dasein seinen ›Sinn‹ verloren hat.« (XII, 215 f.)

Nur die Stärksten dieser nihilistischen Krise, die Reichsten an »Gesundheit« werden schließlich die Mächtigsten sein, das heißt diejenigen, welche keine »extremen Glaubenssätze« nötig haben, die großen Artisten des Absurden: »Welche werden sich als die *Stärksten* [...] erweisen? Die Mäßigsten, die, welche keine extremen Glaubenssätze *nöthig* haben, die, welche einen guten Theil Zufall, Unsinn nicht nur zugestehn, sondern lieben, die welche vom Menschen mit einer bedeutenden Ermäßigung seines Werthes denken können, ohne dadurch klein und schwach zu werden: die Reichsten an Gesundheit, die den meisten Malheurs gewachsen sind und deshalb sich vor den Malheurs nicht so fürchten – Menschen die *ihrer Macht sicher sind*, und die die *erreichte* Kraft des Menschen mit bewußtem Stolze repräsentiren.« (XII, 217) Das Fragment schließt mit einem Fragezeichen ab: »Wie dächte ein solcher Mensch an die ewige Wiederkunft?«

Der Wegfall jeglicher positiver Erfahrung, wie Philosophie als Metaphysik sie im und durch einen rationalen Gottesbegriff abzusichern glaubte – eine Absicherung, die zuletzt noch Hegel unter identitätsphilosophischen Voraussetzungen zu retten versuchte –, vollzieht sich in letzter Konsequenz erst bei Nietzsche und der durch ihn geleisteten Reflexion des Nihilismus: »Der ganze *Idealismus* [...] ist im Begriff, in *Nihilismus* umzuschlagen – in den Glauben an die absolute *Werth*losigkeit, d.h. *Sinn*losigkeit [...].« (XII, 313)

Der in Nietzsches Denken universal gewordene Sinnlosigkeitsverdacht, der zuletzt noch den Rückschlag von »Gott ist die Wahrheit« in »Alles ist falsch« erzwingt, zeigt den Nihilismus als die unausgesprochene Voraussetzung einer Metaphysik, die sich ihres nihilistischen Grundzuges erst bewußt wird, wenn sie aufgrund ihrer in der *Genealogie der Moral* erfolgten Selbstaufklärung über das ihr zugrundeliegende Erkenntnisinteresse sich gezwungen sieht, alle Sinngebung des Sinnlosen zu verabschieden und sich »die Lüge im Glauben an Gott« zu verbieten. Die Prozeßlogik des Nihilismus erzwingt die Wahrheit über die »Wahrheit« der Metaphysik. In der Rückübersetzung der Metaphysik in ihre eigene Geschichtlichkeit liegt die eigentlich philologische Leistung von Nietzsches Genealogie. Nach dem Abbau des auf der transzendentalen Grammatik der Sprache errichteten Kategoriengerüstes – Zweck, Einheit, Sein – verschwindet Metaphysik als eine die Deutung des Daseins primär bestimmende Macht. Als Artefakt gleicht sie jedoch noch immer dem betörenden Gesang der Sirenen, dessen Polyphonie das tödliche »Schweigen« der Welt übertönt.

In bezug auf die Aufhebung der Metaphysik von Aristoteles bis Hegel notiert Nietzsche: »Was ist im Grunde geschehen? Das Gefühl der *Werthlosigkeit* wurde erzielt, als man begriff, daß weder mit dem Begriff ›Zweck‹, noch mit dem Begriff ›Einheit‹, noch mit dem Begriff ›Wahrheit‹ der Gesamtcharakter des Daseins interpretirt werden darf. [...] Kurz: die Kategorien ›Zweck‹, ›Einheit‹, ›Sein‹, mit denen wir der Welt einen Werth eingelegt haben, werden wieder von uns *herausgezogen* – und nun sieht die Welt *werthlos* aus [...] – Resultat: Der *Glaube an die Vernunft-Kategorien* ist die Ursache des Nihilismus, – wir haben den Werth der Welt an Kategorien gemessen, *welche sich auf eine rein fingirte Welt beziehen.*« (XIII, 48 f.)

Die Befreiung der inneren Natur des Menschen vom Diktat moralischer Ordnungen erweist sich als die »Leerstelle« einer Transzendenz, die der Mensch selbst werden muß, nachdem Gott tot ist. Dies ist für Nietzsche die erdrückende Hypothek, die auf der zukünftigen Geschichte der Selbstbestimmung des Menschen lastet. Eingelöst könnte diese Hypothek nur dann werden, wenn es gelänge, den »Geist der Rache« zu einer übermenschlichen »göttlichen Leichtigkeit im Schwersten« zu verwandeln – eine Verwandlung, die Nietzsches spätes Denken durch die entscheidende Sinnperspektive der Kunst ermöglicht, welche »die Welt als die Abfolge göttlicher Visionen und Erlösungen im Scheine« feiert. Das Kriterium, an dem sich die Möglichkeit, selbst Gott zu werden, entscheidet, ist aber zunächst die geschichtlich noch uneingelöste Idee des Übermenschen. Hinterläßt nach erfolgter Destruktion des »asketischen Ideals« die Naturgeschichte des Leidens das Dasein als »Wunde«, so dient die von Nietzsche experimentell entworfene Umwertung aller Werte der Idee einer menschlichen Existenz, die sich ihrer Sinnautarkie bewußt geworden ist, im Zeichen einer zu sich selbst erlösten Welt. Die von Nietzsche erzählte Geschichte des Nihilismus ist somit die notwendige Bedingung der revolutionären Intention seines Denkens: »Was ich erzähle, ist die Geschichte der nächsten zwei Jahrhunderte. Ich beschreibe, was kommt, was nicht mehr anders kommen kann: *die Heraufkunft des Nihilismus.* [...] Unsere ganze europäische Cultur bewegt sich seit langem schon mit einer Tortur der Spannung, die von Jahrzehnt zu Jahrzehnt wächst, wie auf eine Katastrophe los: unruhig, gewaltsam, überstürzt: wie ein Strom, der ans *Ende* will [...].« (XIII, 189)

Nietzsches Analyse des Nihilismus bringt die Dialektik der Aufklärung zum Abschluß, gemäß der die über sich selbst aufgeklärte Vernunft ihre rational begründete Autonomie als eine Illusion zu erkennen vermag. Die Einsicht in den katastrophalen Charakter aller bisherigen Geschichte widerspricht der noch von Marx gehegten Hoffnung, mit dem Austritt des Menschen aus der ihn versklavenden Vorgeschichte sei der Eintritt in eine von keinem »Nichts« mehr umstellte Realität verbunden. Es ist die analytische Dignität des Nietzscheschen Denkens, sich diese Hoffnung zu versagen und das Walten der Vorgeschichte in aller vergangenen, gegenwärtigen und in die Zukunft wirkenden Geschichte zu sehen. Nach Nietzsche folgt die Dialektik der Selbsterhaltung einer ihr eingezeichneten »Logik des Schreckens«, deren selbstzerstörerische Tendenzen im »letzten Willen«, im »Willen zum Nichts«, münden.

»Was zu fürchten ist, was verhängnissvoll wirkt wie kein anderes Verhängniss, das wäre nicht die grosse Furcht, sondern der grosse *Ekel* vor dem Menschen; insgleichen das grosse *Mitleid* mit dem Menschen. Gesetzt, dass diese beiden eines Tages sich begatteten, so würde unvermeidlich sofort etwas vom Unheimlichsten zur Welt kommen, der ›letzte Wille‹ des Menschen, sein Wille zum Nichts, der Nihilismus.« (V, 368)

Gegen diesen Willen zum Nichts setzt Nietzsche sein Wollen der ewigen Wiederkehr des Seins der Welt jenseits von Gut und Böse als ein Ja-Sagender und Segnender allen Werdens.

Ein Jahr vor Ausbruch seines Wahnsinns skizziert er in der *Götzen-Dämmerung* die Verfallsgeschichte der Metaphysik als Geschichte eines Irrtums: »Die wahre Welt haben wir abgeschafft: welche Welt blieb übrig? die scheinbare vielleicht? ... Aber nein! *mit der wahren Welt haben wir auch die scheinbare abgeschafft!* (Mittag; Augenblick des kürzesten Schattens; Ende des längsten Irrthums; Höhepunkt der Menschheit; INCIPIT ZARATHUSTRA.)« (VI, 81)

Die Abschaffung von wahrer und scheinbarer Welt, in der die Logik des Nihilismus radikal zu Ende gedacht ist, läßt aber Zarathustra selbst noch zur Fabel werden, reißt den Mittag in die Nacht, verwandelt den kürzesten Schatten in den längsten.[25] Ist der Mythos von der »wahren« Welt nur so lange wahr, wie sein Erzähltwerden fortdauert, so ist mit der zu Ende gegangenen Erzählung auch die »Wirklichkeit« der Identität des Erzählers vergangen. Nachdem Nietzsche die Erkenntnis zuletzt noch vor ihr furchtbarstes Bild – das des toten Gottes – gestellt hat, verschwindet sie im ewig aufbauenden, ewig zerstörenden Spiel des Werdens. INCIPIT ZARATHUSTRA kündigt das Ende einer »Hermeneutik des Sinns« an, wenn es ein sinnstiftendes Subjekt als epistemologische Voraussetzung eines jeden Aktes der Sinnkonstituierung nicht mehr gibt. Die Aufhebung der metaphysisch bestimmten Kategorie des Sinns läßt im Wille-zur-Macht-Spiel die »Sprache« der Welt durch keine substantielle Bedeutung, wie sie sich aus der Logik der Subjekt-Prädikat-Beziehung ergibt, mehr gekennzeichnet sein. Dementsprechend ist die dionysische Sprache der ewigen Wiederkehr in den labyrinthischen Gehörgängen von Zarathustras kleinen Ohrmuscheln keine bedeutungsartikulierte Rede, sondern die akustische Halluzination von

»weißem Rauschen«. Am Anfang des Wiederkunftgedankens steht eine Figura etymologica: »Wir *lehren die Lehre*« (IX, 494) – die Homophonie von »Lehre« und »Leere«, wie Wolfram Groddeck gezeigt hat.

Nietzsches Versuch einer Überwindung des Nihilismus im Entwurf einer tragischen Ästhetik

Seit seiner dem »ungeheuren Phänomen« des Dionysischen gewidmeten *Geburt der Tragödie* ist es das Eigenste des Nietzscheschen Denkens, daß das Dasein der Welt nur als anzuschauende Erscheinung gerechtfertigt ist. Dies verweist auf eine ästhetische Metaphysik (»die Welt als die Abfolge göttlicher Visionen und Erlösungen im Scheine«, XII, 115). Im *Nachlaß der achtziger Jahre* wird dann immer stärker in der Richtung einer Philosophie der ästhetischen Sinn- und Welterkenntnis der ästhetische Grundzug von Nietzsches Experimentalphilosophie zum Programm für eine mögliche Überwindung des Nihilismus erhoben:

»Die Kunst und nichts als die Kunst! Sie ist die große Ermöglicherin des Lebens, die große Verführerin zum Leben, das große Stimulans des Lebens. [...] Man sieht, daß in diesem Buche [gemeint ist *Die Geburt der Tragödie*] der Pessimismus, sagen wir deutlicher der Nihilismus, als die Wahrheit gilt. Aber die Wahrheit gilt nicht als oberstes Werthmaaß, noch weniger als oberste Macht. Der Wille zum Schein, zur Illusion, zur Täuschung, zum Werden und Wechseln (zur objektiven Täuschung) gilt hier als tiefer, ursprünglicher, metaphysischer als der Wille zur Wahrheit [...]. Dies Buch ist dergestalt sogar antipessimistisch: nämlich in dem Sinne, daß es Etwas lehrt, das stärker ist als der Pessimismus, das ›göttlicher‹ ist als die Wahrheit [...] – daß die Kunst *mehr werth* ist als die Wahrheit.« (XIII, 521 f.)

Im Dionysos-Dithyrambus *Ruhm und Ewigkeit* schreibt Nietzsche:

»Ich sehe hinauf –
dort rollen Lichtmeere:
– oh Nacht, oh Schweigen, oh todtenstiller Lärm ! ...

Ich sehe ein Zeichen –,
aus fernsten Fernen
sinkt langsam funkelnd ein Sternbild gegen mich ...«
(VI, 404)

In der Verbindung von neuzeitlich astronomischem Wissen und mythologischen Konnotationen »der ältesten Lektüren der Sternbilder« (W. Groddeck) verdichtet Nietzsche das Sternbild eines griechischen Heroen zum reinen »Zeichen«: Herkules, der als Säugling die Milchstraße verursacht hat und der als Held die Last des Himmels zu tragen vermag, repräsentiert als Zeichen »den kosmischen Tropus im Dithyrambus, die Bejahung der Wiederkunft durch die Imagination des Übermenschen im Schweigen des Kosmos« (W. Groddeck). Die hermeneutischen Aporien, die sich aus der Polysemie des Textes der Welt ergeben, scheinen in der Ästhetik – »*ein* Zeichen« – des Dionysos-Dithyrambus »aufgehoben« zu sein. Jedoch erweist sich diese Ästhetik als eigentümlich »leer«, als ein reines dichterisches Sprechen, »das nur noch sich selbst zum Inhalt hat« (W. Groddeck).

In dem Ende 1871 seiner *Geburt der Tragödie* beigegebenen »Vorwort an Richard Wagner« spricht Nietzsche von der Kunst als der »eigentlich metaphysischen Thätigkeit« des Lebens. Das ist nicht nur eine zu Recht berühmt gewordene Formulierung, sondern auch eine sich durchhaltende Grundthese Nietzsches, welche in der Kunst *die* auslegende Tendenz des Lebens selbst sieht. Das heißt: Das transzendente Moment der Kunst, das Nietzsche im Spätwerk mit dem Prinzip des Dionysischen verbindet, konstituiert sich in einem interpretativen Prozeß, der den phänomenalen Gehalt von Wahrnehmung und Erfahrung gesteigert in die Wesensstruktur des Lebens transformiert. Diese zeigt sich in »hohen Bildern«, in deren Perspektive sich ein jeweils mit den herrschenden Gewalten Eros und Thanatos verbundener Weltaspekt repräsentiert. Bereits in seiner *Geburt der Tragödie* hat Nietzsche das Sichtbare neu begriffen, indem er es von seinem an ihm unsichtbaren Grund her erkannte. Dieser grundlegende Ansatz, der sich der Intention verpflichtet weiß, das Geheimnis des Lebens durch das Leben selbst zu »erraten«, wird nie preisgegeben. Im Spätwerk, welches das Geschehen des Willens zur Macht als Selbstauslegungs-Geschehen unter dem Leitwort »Die Welt als ein sich selbst gebärendes Kunstwerk« (XII, 119) thematisiert, verbindet sich diese Position mit der Frage: »Wie weit reicht die Kunst ins Innere der Welt?« (XII, 121) Ist die Beantwortung dieser Frage an Nietzsches leitenden Gedanken gebunden, daß die Welt als Schein zu betrachten ist, dann ist die Welt selbst »nichts als Kunst« (XII, 212). Der Seinsrang der Kunst geht somit bei Nietzsche über die menschliche Sphäre hinaus. Er reflektiert auf die Resonanz der mundanen Subjektivität des Lebens in ihren sublimsten Ausdrucksformen, in denen das Bewegungs- und Überwältigungsgeschehen des Willens zur Macht einen »Maximalzustand« erreicht, von dem aus es sich in sich selbst in jedem Augenblick als »erfüllt«, »verklärt« und »vollendet« erweist. So tritt in der Mittags-Welt des *Zarathustra* alles Vereinzelte zurück; Ich-Pol und Gegenstands-Pol sind zu der Stunde, da heißer Mittag auf den Fluren schläft, ins Atmosphärische aufgelöst. Im Zeichen von »Mittag und Ewigkeit«, zur Zeit des höchsten Standes der Sonne, ereignet sich im Innestehen der Zuständlichkeit des Weltseins in einer zeitlosen Gegenwart die Epiphanie der »Welt«, der durch Zarathustra in der elliptischen Weise ihrer Anrufung – »Oh des goldenen runden Reifs«

(IV, 344) – die Attribute des in sich selbst Vollendeten zugesprochen werden.

Ist das menschliche Dasein in seinem alltäglichen Vollzug stets Auslegung seines Lebenshorizontes, so kann angesichts des Willens zur Macht als Interpretation generalisierend behauptet werden, alles Leben sei beständig hermeneutischer Natur. Aber erst in der Konfrontation mit dem verschlossenen Phänomen des Todes im Medium der Kunst ist Hermeneutik eine akzentuiert *ästhetische*, weil in der immanenten Statik der ästhetischen Sphäre die intentionale Bewegtheit des Lebens bereits untergegangen sein muß; die »Gewalten« symbolisierenden Bilder im Festzug des Lebens ordnen sich erst »in der klaren Ruhe des Todes« (A. Gehlen).

Der »Mittag«, die tiefen »Sonnenblicke«, sie schenken sich an einem »vollkommenen Tag«, Sinnbild eines »reif« gewordenen Lebenstages, der eins wird mit einem in atmosphärischem Bezug sich zeigenden Aspekt der Welt zur Zeit des höchsten Standes der Sonne: dem im »goldenen Reif« der Weltewigkeit in sich ruhenden Innestehen aller Dinge. Im Augenblick dieses »Glückes« erweist sich das ruhige Schauen alles Seienden im Licht der Welt als erfüllt, eine Erfüllung, die sich freilich allein in der virtuellen Realität des Scheins zu realisieren vermag.

Nietzsches der dionysischen Perspektive verpflichtete Deutung der Welt zielt auf eine Seinsschicht, die belebt und bewegt ist, ohne subjekthaft oder gar personal organisiert zu sein. Für das verstehende Subjekt hat diese Seinssphäre indes einen fremden, interpretationsabweisenden Zug, »spricht« doch die natürliche Welt zu dem Menschen in der Rede, die zugleich Schweigen ist. Seine ästhetische Transformation findet dieser Weltaspekt in der von Nietzsche für ihn eingesetzten Metapher des Meeres. Das Urelement des Meeres ist nach einer treffenden Formulierung Karl Kerényis das »große Zweideutige« schlechthin. Nicht nur, weil es in der Ebbe und Flut seiner Gezeiten alles holt und alles bringt, sondern auch deshalb, weil unter dem wechselnden Licht seiner stets bewegten Oberfläche sich kältere Tiefenströmungen kreuzen. Der »aquatische Symbolismus« (M. Eliade) ist eine Grundkomponente in Nietzsches Werk, die sich mit einer differenzierten nautischen Daseinsmetaphorik verbindet, deren Emblem der Schiffbruch ist. Das aquatische Element vereinigt in sich symbolische Konstanten wie den »Abend«, den »Abendwind«, den »Nachen«, die auf eine Hermeneutik des Todes hindeuten.

In seinem Beitrag *Nietzsches Interpretation der Natur* (1982) hat Friedrich Kaulbach Nietzsches Gedanken der großen Natur als jenen umfassenden Horizont charakterisiert, der alles Geschehen umschließt, da ihm Ewigkeit eignet, und ihn mit der Forderung Nietzsches nach einer Umdeutung des Todes verbunden, wie sie die folgende Nachlaßnotiz aus dem Jahr 1881 unterstreicht: »Der *Tod* ist *umzudeuten*! Wir *versöhnen* [uns] so mit dem Wirklichen, d.h. mit der todten Welt.« (IX, 468)

Den mit *Dionysos* verbundenen Festcharakter dieser Versöhnung – »Es ist ein *Fest*, aus dieser Welt in die ›todte Welt‹ überzugehen« (ebenda) – hat Kaulbach zu Recht hervorgehoben, da in der Ausweitung des subjektiven Bewußtseins dessen gebundene Weltperspektive erlischt und im Tod sich der Übergang in den Bereich der »ewigen Gesetze« des Lebens vollzieht. Der Gebrauch der dionysischen Perspektive eröffnet in der durch sie ermöglichten umfänglicheren Sicht das Reich der Proserpina, das von Nietzsche in Sätzen geehrt wird, die wohl Lob und Opfergabe in eins für ihre dem Reich des Lebendigen überlegene Herrschaft sind: »Die Natur lieben! Das Todte wieder verehren! Es ist nicht der Gegensatz, sondern der Mutterschooß, die Regel, welche mehr Sinn hat als die Ausnahme: denn Unvernunft und Schmerz sind bloß bei der sogenannten ›zweckmäßigen‹ Welt, im Lebendigen.« (IX, 486)

Diese Einschätzung der toten Welt – sie rührt an die nächtliche Wirklichkeit des Totenreiches bei Hölderlin und trägt Züge des von Novalis erfühlten und verklärten orphischen Todesbewußtseins: »Lobt doch unsere stillen Fest/ Unsre Gärten, unsre Zimmer« – bewirkt am äußersten Rand von Nietzsches Experimentalphilosophie eine unmerkliche Auflösung seiner Aporien und Selbstwidersprüche, die von der Nietzsche-Forschung freilich nur selten bemerkt worden ist: Sie kann als Reaktion auf eine letzte Stummheit in allem untergründigen Interpretationsgeschehen verstanden werden. Darauf hat anläßlich seiner erneuten Zarathustra-Lektüre Hans-Georg Gadamer in seinem Beitrag *Nietzsche – der Antipode* (1984) hingewiesen. Im Dritten Teil des *Zarathustra* sei, so Gadamer, kein Festhaltenwollen »des Vergänglichen« mehr und auch »kein Werk« und »keine Lehre«, sondern einzig Gesang. – Wird in der nautischen Daseinsmetaphorik des Mittags-Kapitels im Vierten Teil des *Zarathustra* nicht mehr der Aufbruch ins Unbegrenzte gepriesen, sondern die Heimkehr des Schiffes »in seine stillste Bucht« (IV, 343), so vollendet sich auch »der scheinbar vollkommene Mittag« (K. Löwith) zur Zeit des höchsten Standes der Sonne erst dann, als »die Sonne sinkt«.

Im Hinblick auf diese Konstellationen ist abschließend noch auf Nietzsches »lyrisch-vollkommenste« (M. Kommerell) Dichtung hinzuweisen, den sechsten Dionysos-Dithyrambus *Die Sonne sinkt*, auf die in ihm waltende Abendstimmung als Memento mori, aber auch auf die in ihm beschworene Heiterkeit, die mit dem »Fest« des Überganges in die große Natur verbunden ist, mit der erfüllten Versöhnung in einer Zeit ohne Ziel.

An dieser Stelle ist eine Grenze dessen erreicht, was sich noch auf dem Boden einer rational geführten Auseinandersetzung mit einem solchen Denken sagen läßt. Gleichwohl verlieren die vor allem durch die Sinnperspektive der Kunst begrenzten wie ermöglichten großen Einsichten Nietzsches in die Tiefenschichten der Welt nichts von ihrer immerwährenden Faszination: so der innere Zusammenhang von »apollinischer Schönheitswelt« (I, 39) und ihrem verhüllten, dunklen Untergrund des Schmerzes, ferner das »Gold«, der dionysische Grund, im »Nacht-Auge« (IV, 283) des Lebens, das schreckliche Versucherlächeln des Dionysos zur Zeit des Frühlings, da »alles Holz [...] in jungem Safte« stand (XII, 76).

Unaufgelöst bleibt in diesem Zusammenhang der in Nietzsches Werk reflektierte und an ihm repräsentativ ablesbare Selbstwiderspruch der Moderne, der in den großen Werken der Literatur des 20. Jahrhunderts expliziert wird. Auf der einen Seite steht eine hochreflektierte Theorie der Interpretation, der Fiktionalität und der Perspektivität, hinter der die Welt als einheitlicher Tatbestand verschwindet; auf der anderen Seite wirkt eine aus der Erinnerung an die griechische Tragödie und die vorsokratische Naturphilosophie gespeiste »dionysische Wahrheit«, deren Wahrheit aus blitzhaften Aufhellungen der dem Geschehen innewohnenden Dynamik der mythischen Mächte besteht. Diese »Weisheit« stellt freilich keine objektive Erkenntnis dar, *ästhetische Vernunft* bleibt bei Nietzsche – und hierin ist sein Denken exemplarisch auch für unsere heutige Situation – der theoretischen Vernunft uneinholbar voraus. Waren für den jungen Nietzsche das Apollinische und das Dionysische gleichsam kosmische Kunsttriebe, so löst im Willen zur Macht der Seinsrang des Bildes, oder vielmehr sein dynamischer Entwurfscharakter, das traditionell ontologische Verständnis von Welt vollends ab. Mehr als in der theoretischen Reflexion erreicht Nietzsches von verschwiegenen geistigen Erfahrungen gelenktes Denken in dem dionysischen Weltaspekt über hohe mythische Bilder des Mittags, des Meeres, des Abends und den ihnen beigegebenen Klangkonfigurationen eine ursprüngliche Erfahrung von Welt.

Nietzsches antimetaphysische Kritik am Mythos traditioneller Substanzmetaphysik verschwindet auf dem »unterirdischen Zugang« (G. Colli) zu den Griechen zuletzt noch in einer neuen, im Namen des »in Stücke geschnittenen Dionysos« kodifizierten ästhetischen Metaphysik ewiger, aus seiner Zerrissenheit sich wiedergewinnender Lebendigkeit: Als Sprachfigur im Text des »Willens zur Macht« zielt sie auf eine »höchste Weisheit« (G. Colli), die als literarisch mitgeteilte zugleich verlöschen muß. Dionysos als ästhetische Chiffre für das Integral aller perspektivischen Linien des Lebens ist Kodifizierung des Verschwindens: des Verschwindens der Philosophie als Wort und Schrift, darüber hinaus des Verschwindens der trügerischen Täuschung des Prinzips der Individuation. Er ist die absolute, nicht mehr transzendierbare Grenze, an der das seiner zufällig menschlich individuierten Lebensgestalt lediggewordene Lebenspartikel in der Metamorphose eines immer proteushaft in sich flutenden Wellenspiels der Welt – »Und wißt ihr auch, was mir ›die Welt‹ ist?« – sich der durchsichtig-flüssigen Formlosigkeit seines Ursprungselementes zurückgibt, sich darin eine ewige »Verheißung« des Lebens wiederholend: »aus der Zerstörung heimkommen« (XIII, 267).

Indem die von Nietzsche gedachte Konzeption des Willens zur Macht zuletzt nichts übrigläßt als die sich stets restituierende Werdepotenz von »Sein« im Zirkel von Geburt und Tod, wird sie noch selbst zur mythischen Figur des unüberwundenen Nihilismus. Die Geschichte der ungeheuren Jahre seiner Wiederkehr, die von Nietzsche vorauserzählt werden, ist zugleich die Geschichte seiner Metamorphosen im 20. Jahrhundert.

Zusammenfassung

I

Das bewegende Zentrum von Nietzsches Denken ist zum einen »das grösste neuere Ereigniss, – dass ›Gott todt ist‹« – und das mit ihm verbundene Phänomen des Nihilismus, die letzte Ziel-, Zweck- und Sinnlosigkeit des Menschen im Ganzen und der Welt. »Dass ›Gott todt ist‹«, das bedeutet für Nietzsche: »Die *Dauer*, mit einem ›Umsonst‹, ohne Ziel und Zweck, ist der *lähmendste* Gedanke, namentlich noch wenn man begreift, daß man gefoppt wird und doch ohne Macht ist, sich nicht foppen zu lassen.« (XII, 213)

Die katastrophale Konsequenz dieser bitteren Erkenntnis ist »als persönliches Ergebnis die Verzweiflung, als theoretisches eine Philosophie der Zerstörung«, die als »extremste Form des Nihilismus« sich vor die Frage gestellt sieht: »Aber wie, [...] wenn Nichts sich mehr als göttlich erweist, es sei denn der Irrthum, die Blindheit, die Lüge, – wenn Gott selbst sich als unsre längste Lüge erweist?« (III, 577)

Zum anderen ist es das befremdliche und rätselhafte, in den August des Jahres 1881 fallende ekstatische »Gedankenerlebnis« der ewigen Wiederkunft des Gleichen – der zentrale Fund von Nietzsches philosophischer Existenz. Als »ästhetischer Mythos« (H. Ottmann) ist das Mythologem der ewigen Wiederkehr Bild des Weltsinns, aber keine rationale Konstruktion. In ihm versucht Nietzsche die Verewigung des Vergänglichen zu denken,

»nicht indem er hinter der Zeit die Ewigkeit ansetzt und so die Zeit zur bloßen Erscheinung degradiert, nicht indem er nach der Zeit (nach dem Tode) die Ewigkeit ansetzt; er denkt vielmehr die Zeit als das Ewige, das Vergängliche als das Ständige, das Einmalige als das Wiederholte«[26]. Nietzsches »Begriff« der Ewigkeit steht nicht im Gegensatz zur Zeit, sondern ist die Dimension der Zeit selbst.[27] Die ästhetische Faszination des Gedankens der ewigen Wiederkunft liegt in dem Bezug von »Tiefe der Welt« und Tiefendimension der Zeit, der auf eine ewige Gegenwart in allem Werden und Vergehen zielt.

»Ich schlief, ich schlief –,
Aus tiefem Traum bin ich erwacht: –
Die Welt ist tief,
Und tiefer als der Tag gedacht.
Tief ist ihr Weh –,
Lust – tiefer noch als Herzeleid:
Weh spricht: Vergeh!
Doch alle Lust will Ewigkeit –,
– will tiefe, tiefe Ewigkeit!«

II

Die von Nietzsche im Zeichen einer »Philosophie der riskanten Selbsterprobung« (V. Gerhardt) unternommene, ebenso verzweifelt wie letztlich vergeblich betriebene Umwertung aller bisherigen Werte geschieht im Namen des Willens zur Macht.

Der Wille zur Macht ist bei Nietzsche kein sinnhafter Ichwille, sondern der allem Seienden innewohnende Grundtrieb, sich als Leben zu behaupten. Er ist selbst kein Wert, sondern die in allen Wertperspektiven zum Ausdruck kommende Tendenz, sich als Wille zur Macht zu erweisen. Wenn er nun für Nietzsche jener Grundzug allen Lebens ist, das in jeder seiner Bewegungsphasen sich selbst als Macht will, dann ist der Wille zur Macht ein Kreisgeschehen, das in jedem Augenblick sein Woher und sein Wohin zugleich ist: der »Zirkel ewiger Gleich-Gültigkeit« (W. Schulz). Dieses In-sich-Kreisen des Willens zur Macht als ewig sich setzende Selbstaufhebung und ewig sich aufhebende Selbstsetzung bildet als »dionysische Welt des Ewig-sich-selber-Schaffens, des Ewig-sich-selber-Zerstörens« zugleich die mythische Figur des Produktions- und Reproduktionsprozesses des Lebens, seiner Ökonomie und Verschwendung. An die Stelle traditioneller Seinsmetaphysik tritt das Prinzip der ästhetischen Rotation. Von daher erweist sich die Lehre von der ewigen Wiederkehr des Gleichen als das Herzstück von Nietzsches eigener ästhetischer Metaphysik. Der Übermensch, der den Tod Gottes zur Voraussetzung hat, ist dann für Nietzsche derjenige, der die absolute Zweck- und Sinnlosigkeit der Welt als ihren Grundcharakter erkennt und dennoch zur ewigen Wiederkehr der kosmischen Anarchie des Lebens, seiner Sinnlichkeit und Grausamkeit, »ja« sagt in der Liebe zum »Ring der Ewigkeit«, dem er sich »anverlobt«. In der Auflösung des zukunftsgerichteten, Ziele und Zwecke intendierenden Ichwillens und seiner Rückübersetzung in den ewigen Kreislauf des Willens zur Macht als dem »Zirkel seiner eigenen Vollendung« (W. Schulz) vollzieht Nietzsche die Aufhebung der durch Platonismus und Christentum garantierten teleologisch ausgerichteten Sonderstellung des Menschen im Ganzen des Seins. Die ewige Gleichgültigkeit der Welt als Wille zur Macht im Zirkel von Geburt und Tod, von den Griechen im Symbol des Dionysos gedacht, ist die Figur eines sinnfreien Weltvollzuges, der zugleich seine eigene Setzung wie seine mit ihm gegebene Aufhebung ist.

Die aus dem Tod Gottes und dem Wegfall aller verbindlichen theologisch-metaphysischen Antworten resultierenden philoso-

phischen Fragestellungen lassen sich innerhalb des antichrist-
lichen und antimetaphysischen Denkens Nietzsches in den folgenden, von Karl Löwith formulierten Alternativen zusammenfassen[28]:

»1. daß es ausschließlich auf das Sein der Welt ankommt – wenn der
Glaube an Gott als den Schöpfer der Welt nicht mehr lebendig ist;

2. daß das Sein dieser immer schon seienden Welt eine aus sich selber
bewegte, ursprüngliche Physis ist – wenn das Sein nicht wunderbarer-
weise aus dem Nichts entspringt;

3. daß die physische Welt ewig ist – wenn sie keinen ursprünglichen
Anfang und kein zielloses Ende hat;

4. daß die Ewigkeit einer immer-seienden physischen Welt eine ewige
Zeit ist – wenn sie nicht die zeitlose Ewigkeit eines überweltlichen und
übernatürlichen Gottes ist;

5. daß der Mensch von Natur und von der Welt ist – wenn er nicht
eines übernatürlichen und überweltlichen Gottes geschaffenes Ebenbild
ist;

6. daß die Frage nach dem Verhältnis des immerwährenden Seins der
physischen Welt zu dem endlichen Dasein des Menschen nicht zu umge-
hen ist – wenn die Antwort auf das Verhältnis von Mensch und Welt
nicht schon durch den Glauben an die gemeinsame Schöpfung und
Zuordnung von Welt und Mensch durch Gott gegeben ist;

7. daß der Zufall des faktischen Da-seins notwendiges Problem wird –
wenn der Glaube an die Vorsehung und deren säkularisierte Formen nicht
mehr glaubwürdig ist;

8. daß das Rätselhafte des Zufalls ›Mensch‹ keine Lösung findet –
wenn der Mensch nicht in das ewige Ganze des von Natur aus Seienden
eingefügt ist.«

III

Das Spätwerk Nietzsches verbindet seine Lehre vom Willen zur
Macht mit dem widersprüchlichen Perspektivenreichtum des Lebens, der die Welt als ein »Kampfspiel« antagonistischer Macht-

quanten erscheinen läßt. Eine Hermeneutik des Lebens, um die es bereits dem jungen Nietzsche geht, sieht in diesem Spiel verschiedene einander bekämpfende Interpretationen pluralistischer Willensmanifestationen. Dieser Hermeneutik zufolge ist auch der Wille zur Macht reine Interpretation, die als eine Zeichensprache der jeweilig herrschenden sozialen und politischen Kommunikation ihre eigene Unbegründetheit verdeckt. Der Mensch erscheint als jenes Tier, das die von ihm hervorgebrachte Welt mit Hilfe von Zeichen interpretiert, die nicht auf Wahrheit, sondern auf Machtansprüchen beruhen, deren jeweiligen Genealogien Nietzsche nachgeht. Alle großen Weltinterpretationen durch Religion und Philosophie sind für Nietzsche nichts weiter als Masken, hinter denen sich nihilistische Antriebe verbergen, ein Wille zum Nichts, sei es in der Gestalt der rachsüchtigen Vernichtung der Anderen, sei es in der Bereitschaft zum Opfer des eigenen Lebens. Der biologische Instinkt zur Selbsterhaltung wird durch die Geistnatur des Menschen durchkreuzt, deren Eigentümlichkeit es ist, daß das Menschentier gegen sich selbst Stellung nehmen kann.

Für den jungen Nietzsche bot die griechische Tragödie, wie er sie verstand, noch einen Ausgleich zwischen dem dionysischen Wissen vom Chaos und dem apollinischen Willen zur Form. Für den späten Nietzsche ist dieser Ausgleich eine historische Leistung der Griechen, der von der Moderne nicht mehr adaptiert werden kann. Es bleibt die in der Genealogie der Moral geäußerte schmale Hoffnung, »dass mit der Thatsache einer gegen sich selbst gekehrten Thierseele auf Erden etwas so Neues, Tiefes, Unerhörtes, Räthselhaftes, Widerspruchvolles und Zukunftvolles gegeben war, dass der Aspekt der Erde sich damit wesentlich veränderte«. (V, 323) Im Blick auf diese Zukunft zeichnen sich in Nietzsches Nachlaßfragmenten Linien einer tragischen Kunst ab, deren Radikalisierung den Willen zur Macht als Kunst bestimmt. Diese intendiert eine Bejahung der Ökonomie des Lebens, in welcher das Furchtbare, Böse und Fragwürdige des Daseins notwendige Stimulanzien des Lebens sind. Es ist für Nietzsche eine entscheidende Frage, ob es dem Menschen möglich ist, sich in seinem Dasein auf den Standpunkt einer interesselosen, rein ästhetischen Betrachtung der Welt im Ganzen zu stellen. Gianni Vattimo hat in seiner kleinen Nietzsche-Monographie aus dem Jahr 1992 zu den Folgen dieser Position Entscheidendes gesagt, wenn er schreibt: »Die radikale Desinteressiertheit des Menschentiers ist das einzige, was Nietzsche zur Charakterisierung der Existenz in einer Welt angemessen erscheint, in der es keine letzten Grundlagen und Wesenheiten gibt und in der das Dasein auf das reine Ereignis seiner Interpretation zurückzuführen ist.« Mit anderen Worten: Für den späten Nietzsche reduzieren sich alle Weltprozesse auf Interpretationen; jenseits ihrer geschichtlichen Selbstartikulationen thronen Götterbilder auf ihren von den Menschen eraschaffenen Fundamenten und starren wesenlos in den Abgrund des ewig unerkennbaren Seins.

Die Vergleichgültigung des Daseins im Zirkel von Geburt und Tod gründet in Nietzsches eigenwilliger Konzeption des Willens zur Macht. Als ein ewiges Überwindungsgeschehen seiner eigenen Setzungen ist er der »Zirkel ewiger Gleichgültigkeit« (Walter Schulz). In ihm verlieren die Fragen nach Sinn und Bedeutung ihr Gewicht. Die zu Ende gedachte Logik unserer großen Werte und Ideale mündet in einem total gewordenen Nihilismus. Ausdruck einer Krise, wie sie die Menschheit noch nie erfahren hat, versteht ihn Nietzsche als den eschatologischen Augenblick einer höchsten Entscheidung im Flammenzeichen Zarathustras. Nachdem mit der wahren Welt auch die scheinbare abgeschafft worden ist, schreibt er in der Götzen-Dämmerung: »Mittag; Augenblick des kürzesten Schattens; Ende des längsten Irrthums; Höhepunkt der Menschheit; INCIPIT ZARATHUSTRA.« (VI, 81)

Anhang

Anmerkungen

1 C.R Janz, Friedrich Nietzsche, Bd. 3, München 1979, S. 449.
2 K. Löwith (Hg.), Nietzsche – Zeitgemässes und Unzeitgemässes, Frankfurt/M./Hamburg 1956, S. 25.
3 Ders. (Hg.), Nietzsche – Vorspiel einer Philosophie der Zukunft, Frankfurt/M./Hamburg 1956, S. 18.
4 Ebenda, S. 19.
5 E. Fink, Nietzsches Philosophie, Stuttgart 1973, S. 108.
6 Vgl. A. Rimbaud, Das poetische Werk I, hrsg. von H. Therre/R.G. Schmidt, München 1979, S. 12.
7 E. Fink, Nietzsches neue Welterfahrung, in: A. Guzzoni (Hg.), 90 Jahre philosophische Nietzsche-Rezeption, Königstein/Ts. 1979, S. 139.
8 S. Müller, Selbsterhaltung und Wille zur Macht. Typik und Folgelasten eines Problemzusammenhanges bei Hobbes und Nietzsche, in: W. Gebhard (Hg.), Friedrich Nietzsche. Strukturen der Negativität. Bayreuther Nietzsche-Kolloquium 1982, Frankfurt/M. 1984, S. 105.
9 K. Löwith (Hg.), Nietzsche – Zeitgemässes und Unzeitgemässes, a.a.O., S. 18.
10 Ebenda, S. 24.
11 Ebenda.
12 F. Overbeck, Christentum und Kultur, Basel 1919, S. 136.
13 A. Verrechia, Zarathustras Ende. Die Katastrophe Nietzsches in Turin, Wien/Köln/Graz 1986, S. 362.
14 K. Löwith (Hg.), Nietzsche – Zeitgemässes und Unzeitgemässes, a.a.O., S. 15.
15 G. Colli, Nach Nietzsche, Frankfurt/M. 1980, S. 212.
16 K.-H. Volkmann-Schluck, Leben und Denken. Interpretationen zur Philosophie Nietzsches, Frankfurt/M. 1968, S. 113.
17 Vgl. M. Montinari, Nietzsche zwischen Alfred Baeumler und Georg Lukács, in: ders., Nietzsche lesen, Berlin/New York 1982, S. 169-206.

18 Vgl. W. Ries, Nietzsche für Anfänger. Die Geburt der Tragödie, München 1999.

19 Als eine späte Replik auf diese Frage könnte folgende Passage aus Franz Overbecks *Christentum und Kultur* (Basel 1919) gelesen werden: »Ans Ziel gelangt ist auf der Fahrt, die ich hier meine, noch niemand, und insofern ist auch Nietzsche darauf nicht mehr mißlungen als anderen. [...] Gescheitert ist er freilich, aber doch nur so, daß er gegen die unternommene Fahrt als Argument so gut und so schlecht dienen kann wie die Schiffbrüchigen gegen das Beschiffen des Meeres. Wie, wer einen Hafen erreicht hat, seinen schiffbrüchigen Vorgänger als einen Schicksalsgenossen anzuerkennen sich am allerwenigsten weigern wird, so auch nicht die glücklicheren Meerfahrer, die sich auf ihrer ziellosen Fahrt wenigstens mit ihrem Fahrzeug zu behaupten vermocht haben, mit Beziehung auf Nietzsche.«

20 Vgl. zur Interpretation dieses Wortes: M. Heidegger, Nietzsches Wort »Gott ist tot«, in: ders., Holzwege, Frankfurt/M. 1950, S. 193-247; E. Biser, »Gott ist tot«. Nietzsches Destruktion des christlichen Bewußtseins, München 1962, P. Köster, »Der sterbliche Gott«. Nietzsches Entwurf übermenschlicher Größe, Meisenheim/Glan 1972.

21 M. Heidegger, Nietzsches Wort »Gott ist tot«, in: ders., Holzwege, a.a.O., S. 234.

22 G. Rohrmoser, Emanzipation und Freiheit, München 1970, S. 249.

23 Vgl. H. Blumenberg, Licht als Metapher der Wahrheit, in: Studium Generale X (1957), S. 432-447.

24 Vgl. W. Ries, Der »Tod Gottes« und das Nihilismusproblem, in: ders., Transzendenz als Terror. Eine religionsphilosophische Studie über Franz Kafka, Heidelberg 1977, S. 78-82.

25 Vgl. Wolfgang Müller-Lauter, Zarathustras Schatten hat lange Beine, in: J. Salaquarda (Hg.), Philosophische Theologie im Schatten des Nihilismus, Berlin 1971, S. 88-112.

26 E. Fink, Nietzsches Philosophie, a.a.O., S. 102.

27 Vgl. J. Stambaugh, Untersuchungen zum Problem der Zeit bei Nietzsche, Den Haag 1959.

28 K. Löwith (Hg.), Friedrich Nietzsche – Vorspiel zu einer Philosophie der Zukunft, a.a.O., S. 15.

Literaturhinweise

1. Werke und Briefe

Friedrich Nietzsche, Sämtliche Werke. Kritische Studienausgabe in 15 Bänden, hrsg. von Giorgio Colli/Mazzino Montinari, München 1980.
Friedrich Nietzsche, Sämtliche Briefe. Kritische Studienausgabe in 8 Bänden, hrsg. von Giorgio Colli/Mazzino Montinari, München 1986.
(Zitiert wird nach dieser verbindlichen Studienausgabe.)

2. Bibliographie

International Nietzsche Bibliography, zusammengestellt und hrsg. von Herbert W. Reichert/Karl Schlechta, Chapel Hill 1960; überarb. und erw. 1968 (=University of North Carolina Studies in Comparative Literature 45).

3. Ausgewählte und kommentierte Sekundärliteratur

Vorbemerkung: Die Nietzsche-Literatur erscheint heute als unüberschaubar. Soweit ich sehe, hat sie lediglich den Ausdruckscharakter jeweils geltender und verschwindender Nietzsche-Rezeption. Die besten Kommentare zu Nietzsches Schriften sind immer noch bei deren Autor zu finden, und zwar in seiner philosophischen Autobiographie *Ecce homo* (VI, 309-364). Nachdrücklich sei aber in diesem Zusammenhang auch auf die einzigartig schönen, dem Geist Nietzsches am nächsten kommenden Nachworte verwiesen, die von Giorgio Colli, dem Initiator der Kritischen Studienausgabe, stammen und dieser Ausgabe beigefügt sind.

a) Zur Biographie

Richard Blunk, Der junge Nietzsche, München/Basel 1953. Diese Biographie über den jungen Nietzsche rekonstruiert sorgfältig die Entwicklungsgeschichte Nietzsches bis zum Eintritt in das Berufsleben. In diesem Zusammenhang wird das lebensgeschichtliche Trauma Nietzsches, der allzu frühe Tod des Vaters durch »Hirnerweichung«, in seiner alles überragenden Bedeutung erkennbar.

Curt Paul Janz, Friedrich Nietzsche. Biographie, 3 Bde., München 1978/79. Band 1 behandelt »Kindheit und Jugend«, wobei Janz weitgehend auf den Text von R. Blunk zurückgreift, und »Die zehn Basler Jahre«; Band 2 stellt »Die zehn Jahre des freien Philosophen« und Band 3 »Die Jahre des Siechtums« dar (er enthält außerdem wichtige Dokumente und ein Register). Diese mustergültig alle vorhandenen Materialien auswertende Nietzsche-Biographie kann als das wohl unüberholbare Standardwerk zur Lebensgeschichte Nietzsches angesehen werden. »Wer so gelebt hat wie Nietzsche, wer sein Leben und seine Aufgabe so ernst genommen hat wie er, verdient es, daß man ihm wenigstens mit der Achtung vor diesem Leben begegnet. Dann besteht auch die Möglichkeit, vorurteilsloser an das Werk zu treten und zu versuchen, es in das eigene Weltbild zu integrieren, aber aus eigenem Bemühen und nicht schon wieder anhand eines vorgeformten Modells.« (S. 449)

Werner Ross, Der ängstliche Adler. Friedrich Nietzsches Leben, München 1984. Die Biographie von W. Ross sieht Nietzsches Leben bestimmt durch den Grundkonflikt zwischen der beispiellosen Kühnheit seines »Denk-Abenteurertums« und der tiefen Lebensangst seiner fast kindlich sensiblen Natur – ein Konflikt, der in den Wahnsinn als letzten Ausweg aus dieser unerträglichen Spannung führt. »Die Selbstfindung war das Ziel. Die Angst vor der Selbstfindung gab diesem Leben seine Dramatik. Der Wahnsinn wurde der letzte Befreiungsakt.« (S. 10)

Anacleto Verrecchia, Zarathustras Ende. Die Katastrophe Nietzsches in Turin, übers. von Peter Pawlowsky, Wien/Köln/Graz 1986. »Die Rekonstruktion der letzten Monate Nietzsches in Turin aus der genauen Kenntnis des Ortes und der Zeit macht die zur mythischen Formel erstarrte Entrückung des unzeitgemäßen Denkers auf eine überraschende Weise lebendig. [...] Der Fall Nietzsche ist ein Schulbeispiel für die Unerläßlichkeit eines solchen Vorgehens [historischer Kritik]; wird schon sonst das Bild historischer Ereignisse und Personen unvermeidlich mit beschönigenden Details angereichert, so haben Nietzsches Erben und Verehrer Daten und Fakten bewußt entstellt, verschwiegen oder erfunden, um ihrem Idol das erwünschte Aussehen zu geben. [...] Eine enttäuschte Liebe nimmt solche Täuschungen nicht mehr hin und schafft sich dadurch Gelegenheit, ein neues, realistisches Verhältnis zum Kulturkritiker und Dichter Nietzsche zu gewinnen.« (Aus dem Nachwort des Übersetzers, S. 366)

b) Zum Werk
Eugen Fink, Nietzsches Philosophie, 3. Aufl., Stuttgart 1973. Das Buch des Freiburger Philosophen interpretiert die Philosophie Nietzsches anhand seiner Schriften als den Entwurf einer neuen Welterfahrung. Indem E. Fink die Grundmotive von Nietzsches Denken herausarbeitet, untersucht er zugleich, wie sie sich zu den Grundproblemen der überlieferten Philosophie verhalten, und erörtert vor dem Hintergrund der Überlegungen Heideggers, was Nietzsches neue Erfahrung des Seins ist. »Wir suchen die Philosophie Nietzsches. Diese ist verborgen in seinen Schriften, verborgen in der Pracht seiner Sprache, in der Verführungsgewalt seines Stils, in der Isoliertheit seiner Aphorismen und verborgen hinter der faszinierenden, den Blick immer wieder auf sich ziehenden Persönlichkeit. [...] Mit welchem Recht aber sprechen wir bei ihm noch von Philosophie, wenn er der ganzen Überlieferung aufsagt? Müßte nicht ein neues Wort gefunden und geprägt werden für das, was Nietzsches Philosophie ist?« (S. 13)
Volker Gerhardt, Pathos und Distanz. Studien zur Philosophie Friedrich Nietzsches, Stuttgart 1988. Diese gesammelten Studien »sind als Beiträge zu einer historisch-kritischen Nietzsche-Interpretation entstanden, einer Interpretation, die eigenständige systematische Deutungen nicht ausschließt« (S. 9). Sie eignen sich in hervorragender Weise, in Grundbegriffe der Philosophie Nietzsches einzuführen.
Karl Jaspers, Nietzsche. Einführung in das Verständnis seines Philosophierens, 3. Aufl., Berlin 1950. Die große philosophische Nietzsche-Monographie von K. Jaspers (1. Aufl. 1935) versucht unter Zuhilfenahme eigener Systematik »die Denkweise Nietzsches im Ganzen seiner Existenz«, in ihrer genuinen Bewegtheit zu erfassen. »Will man Nietzsche sehen als Gestalt, die in klarer Durchsichtigkeit ihrer Bedeutung bestände, so muß man enttäuscht werden. [...] Denn ein Rätsel liegt darin, daß bei kritischem, von Nietzsche selbst geführtem Eingehen auf ihn alles zu verschwinden scheint, daß aber nach

dem Überdruß der Enttäuschungen doch der Zauber dieses Denkens sich wiederherstellt.« (S. 375) – Der Vorzug dieser Monographie liegt sicher darin, daß sie Nietzsche vor jeder unbilligen Dogmatisierung im Sinne einer ihm nie gerecht werdenden Ideologisierung schützt, ihr Nachteil liegt vielleicht darin, daß sie in der ständigen Relativierung aller Denk-»Inhalte« Nietzsches diesen ihre Substanz raubt.

Walter Kaufmann, Nietzsche. Philosoph, Psychologe, Antichrist, übers. von Jörg Salaquarda, Darmstadt 1982 (zuerst 1950). Das 1950 in den Vereinigten Staaten erschienene Buch von W. Kaufmann, eine umfassende Rekonstruktion von Nietzsches Denken, ist ein wichtiger Beitrag zur Zerstörung der von der Schwester Nietzsches und ihrem »Archiv« geschaffenen Nietzsche-Legende. Kaufmann sieht in Nietzsche vor allem den großen Aufklärer, für den Wahrheitssuche und intellektuelle Redlichkeit im Zentrum seines kompromißlosen Denkens stehen. »Man braucht nicht mit seiner Philosophie übereinzustimmen und kann doch seine alles beherrschende Leidenschaft für die intellektuelle Redlichkeit hochschätzen. Nietzsches protestantische Perspektiven sind oft auch dann anregend und fruchtbar, wenn sie nicht annehmbar sind. Sein größter Wert dürfte aber darin liegen, daß er den wahrhaft philosophischen Geist verkörpert hat, den Geist ›des mich selbst und andere Prüfens‹, um die ›Apologie‹ des Sokrates zu zitieren.« (Aus dem Vorwort zur ersten Auflage 1950, S. XVII)

Friedrich Kaulbach, Nietzsches Idee einer Experimentalphilosophie, Köln/Wien 1980. Die Darstellung dieser bedeutenden Nietzsche-Studie »wird durch die Absicht bestimmt, der bekannten These von Heidegger, Nietzsches Philosophie stelle eine Endgestalt der europäischen Metaphysik dar, die Behauptung an die Seite zu stellen, daß dies auch für sein philosophisches Methodenkonzept zutrifft.« (Aus dem Vorwort, S. IX)

Karl Löwith, Nietzsches Philosophie der ewigen Wiederkehr des Gleichen, Stuttgart 1956. Das Nietzsche-Buch K. Löwiths, m.E. immer noch das wohl wichtigste, vielleicht gerade deswegen aber weitgehend vergessene Buch über die Philosophie Nietzsches, geschrieben im Geist einer Nietzsche verpflichteten großen Essayistik, die gleichermaßen die Gefahren des akademischen Traditionalismus wie auch einer ganz unbillig erregten Mystifikationsliteratur zu vermeiden weiß, rekonstruiert Nietzsches Philosophie der ewigen Wiederkehr von jenem »fundamentalen Widerspruch« her, »der darin gründet, daß

Nietzsche die physische Wahrheit des notwendigen Kreislaufs der natürlichen Welt als eine ›Wende der Not‹ wahrhaben wollte« (S. 13), die er mit seinem eigenen Willen zur Selbstüberwindung ekstatisch in Einklang zu bringen versuchte. »Sein Versuch, aus dem endlichen Nichts des sich selber wollenden Ich in das ewige Ganze des Seins zurückzufinden, [...] endet in einem Wahnsinn.« (S. 14)

Wolfgang Müller-Lauter, Nietzsche. Seine Philosophie der Gegensätze und die Gegensätze seiner Philosophie, Berlin/New York 1971. Die vorliegende Nietzsche-Studie von W. Müller-Lauter, die einen wichtigen Beitrag zur Nietzsche-Forschung liefert, erhebt den Anspruch, mittels »immanenter Interpretation« Nietzsches Philosophie der Gegensätze und die Gegensätze dieser Philosophie in ihren Grundfragen neu zu durchdenken. Das die Gegensätze der Nietzscheschen Philosophie integrierende Moment sei weder der Wille zur Macht noch der Übermensch, noch die ewige Wiederkehr – allen drei Gedanken weist Müller-Lauter ihre innere Aufspaltung in antithetisch sich zueinander verhaltende Modalitäten nach –, sondern jene fundamentale Verzweiflung, deren eigentlich »große Angst« die Sinnlosigkeit der Welt ist. »Zu fragen bleibt, ob ein Philosoph unvermeidlich scheitert, der dem ›Zauber der entgegengesetzten Denkweise‹ immer wieder erliegt und der schließlich nicht gewillt ist, sich ›den Anreiz des änigmatischen Charakters‹ des Daseins nehmen zu lassen.« (S. 9)

Henning Ottmann, Philosophie und Politik bei Nietzsche, Berlin/New York 1987. Die in der Reihe »Monographien und Texte zur Nietzsche-Forschung« als Band 17 erschienene Arbeit analysiert umfassend den politischen Gehalt von Nietzsches Werk und rezipiert die politische Wirkung seiner Gedanken. »Es gibt bei Nietzsche eine politische Philosophie. Man darf sie nur nicht suchen wollen auf der Heerstraße der politischen Strömungen der Zeit.« (Aus dem Vorwort, S. V)

Ders. (Hg.), Nietzsche-Handbuch. Leben – Werk – Wirkung, Stuttgart/Weimar 2000. Das Handbuch erschließt die Philosophie Nietzsches in ihren Voraussetzungen, ihren Ausformungen im Werk und ihrer Wirkung. Integriert ist ein Lexikon der wichtigsten Begriffe, Theorien und Metaphern. Für das Studium Nietzsches erweist es sich als Standardwerk.

c) Zur Nietzsche-Rezeption

Sigrid Bauschinger (Hg.), Nietzsche heute. Die Rezeption seines Werkes nach 1968, Bern/Stuttgart 1988. Der Aufsatz-Sammelband vermittelt einen Überblick über den Diskussionsstand der internationalen Nietzsche-Forschung.

Alfredo Guzzoni (Hg.), 90 Jahre philosophische Nietzsche-Rezeption, Hain 1979.

Werner Hamacher (Hg.), Nietzsche aus Frankreich. Essays von Maurice Blanchot, Jacques Derrida, Pierre Klossowski, Philippe Lavoue-Labarthe, Jean-Luc Nancy und Bernard Pautrat, Frankfurt/M./Berlin 1986. Die französische Nietzsche-Rezeption ist eigene Wege gegangen, hat nachhaltig auf das Denken von Foucault, Deleuze, Derrida u.a. gewirkt und originelle »neo-nietzscheanische« Philosophien hervorgebracht. Dieser Band demonstriert, wie Nietzsche uns aus Frankreich in neuer Gestalt entgegentritt.

Jörg Salaquarda (Hg.), Nietzsche, Darmstadt 1980. Der Band gibt einen Überblick über die Geschichte der Nietzsche-Rezeption von den Anfängen bis zur Gegenwart.

Wiebrecht Ries, geb. 1940 in Osnabrück. Studium der Philosophie und Germanistik. 1967 Promotion zum Dr. phil. mit einer Arbeit zur Rezeptionsgeschichte Nietzsches. 1974 Habilitation für das Fachgebiet Philosophie. Seit 1978 Professor für Philosophie an der Universität Hannover. Veröffentlichung zahlreicher Studien zu Nietzsche und Kafka in Fachzeitschriften, Sammelbänden und Lexika. Buchveröffentlichungen u.a.: Transzendenz als Terror. Eine religionsphilosophische Studie über Franz Kafka (1977); Nietzsche für Anfänger. Die Geburt der Tragödie aus dem Geist der Musik. Eine Leseeinführung (2000); Friedrich Nietzsche. Die Glücklichen sind neugierig (2000); Griechische Tragiker zur Einführung (2000).